心理療法の向こう側

龍 峰

はじめに

「心理療法の向こう側」というこの本は、私がこれまで行なってきた心理療法におけるグループセラピー、個人セッションで実際にあった霊的憑依の解除、いわゆる除霊の体験をもとに心理療法と霊的憑依の関わりについて書いたものです。

驚く方もいるかもしれませんが、心理療法で扱う問題の中には霊的憑依の問題が深く関わっていることが多いものです。カウンセリングやセラピーを何度受けても状況が改善しない、例えば、様々なヒーリング、ボディセラピー、エネルギワークのようなものを受けても一向に状況が改善されない、という場合にも霊的憑依が疑われる事例は実に多くあります。

ただ逆もまた真なりで、霊的な問題だと思って、多くの霊能者のもとを訪ねたが一向に改善しない。その理由は結局本人の心の問題であったりする、ということも多く見てきました。

私自身心理療法家になる前は、多くの霊障と言われる現象を扱い、それを解決しようとその症例に対処してきました。そこで気づいたのですが、霊障といわれるテーマの奥には多くの場合、クライアントの心理的な問題、トラウマ、依存性、コンプレックスなどが潜んでいるということでした。

いくら除霊を行なっても、これらの心理的問題が解決されないままだと、霊障が再発します。

それで私は、問題の根本的解決には心理的な問題解決を優先すべきだと思うようになりました。除霊よりも心理的問題の解決の方が優先課題だと思い、心理療法、カウンセリング、ヒーリングとも言われる、様々な心理的問題解決のアプローチを学び、自身にもそれを試し、多くのクライアントの問題を解決してきました。気がつけば、心理療法家としての実績の方が多くなり、自分でも心理療法家としてやっていけるつもりでいました。

十五年ほど前、私は心理療法家として得た、知見と経験に基づいた心理療法のセミナーを開催することにしました。反響を得て多くの受講生が参加してくれて、中には弟子になりたいと言い出す人もいました。

セミナーの中で特に力をいれていたシステミックコンステレーションというグループワークで、ある時期から霊的憑依が頻出《ひんしゅつ》するようになり、そのことで多くの受講生、一部の弟子たちが去っていきました。

同時に個人セッションで扱う事例にも霊的憑依問題が多くなりだしました。最初は稀にこんな場合もあるかという程度でしたが、年月が経ちセッションの数も増えれば増えるほど、霊的憑依のテーマがより増えていき、いつしかほとんどのクライアントに霊的憑依の問題があるという状態になりました。

霊的憑依を扱うことにはリスクがあります。寝た子を起こすというような場合もありますし、セラピスト自身が憑依霊から攻撃を受けるようなこともあります。ですから出来る限り関わりたくないというのが本音ではありました。

それで心理療法を中心にしていくことにしたわけですが、結局のところ私の場合には、まさに大きな揺り戻しがおきて心理療法と除霊の両方をしなければならなくなったわけです。

ずいぶん悩んだのですが、「来る者拒まず、去るもの追わず」とのモットーで、開き直ってどんなものでも来ればいい、と思う様になったとたん、前にも増して押し寄せてくるようになりました。

私も諦めたというか、覚悟を決めたというか、そういう状態で、これは心の問題、これは霊的憑依というような分別《ぶんべつ》は一切せず、ひたすらクライアントのテーマに沿いながら、結果としていずれか、あるいはその両方の問題を解決すべく、請《こう》じられるままにセッションを続けるようになりました。

何が正しいのか、何が間違いなのか？本当のところ私にもわかりません。ただご縁のあったクライアントの為に出来ることをやる。ただそれだけです。でも忘れてはならないのは、どのような方法であれ成果のないセッションには意味がないということです。

つまりセラピスト側の理論やスキル、世界観はどうでもいいんですよね。大切なことはクライアントの状況が改善されること、クライアントが望む状態を実現できているのかどうかです。全てのエネルギーは目の前のクライアントに注がれるべきものです。

ですから私は治療家としての仕事をしたいわけで、成果にフォーカスし続けるんです。もし成果がないなら、申し訳ないけれども、私の力が及ばなかったと反省します。そしてクライアントにはその旨申し上げます。でも料金を返せと言われたら、「それは無理です、ごめんなさい」といいますけども。

つまりクライアントの問題が何であれ、クライアントの望む状態を達成できたのか？できなければ、どこかに課題があるわけです。私はそれをクライアントの心理的抵抗とか、セラピストが使う特定のスキルとの相性が悪かった、というようなよくあるセラピスト側の御託《ごたく》ですませる気は毛頭《もうとう》ないわけです。

もちろん、そうゆうこともあるとは思いますが、それは嫌なんですね。私達セラピストはどこまでいっても、クライアントの問題解決のために存在しているんです。ですから自分の依って立つ理論やスキルからクライアントを見立てるのではなく、クライアントの望む未来を実現するために、あらゆる方策を試み、出来得る限りの介入をすることが、俗に言う「クライアント中心療法」とか言うものだろうと思うし、時間をかけ、距離を厭わず来られた方に対するセラピストとしての誠意であり、向き合い方だと思っています。

これから心理療法家、セラピストを目指す人たちには、この点を少しでも理解してもらいたいと念願しているわけです。一つの知見に偏ったものの見方ではなく、有効なセラピーを提供するためにはどうすればいいのか？多角的、総合的な視点からの多様なアプローチがどうしても必要になってくると思っています。

また同時に霊視や除霊の世界、いわゆる霊能者として多くの方を救済されている方々にも、心理的要因と霊障の関連性を再認識して頂ければとてもありがたいです。

私のもとに来られるクライアントの中には霊能者巡りをし続けた方も結構いて、何十年も霊能者の先生に見てもらっても改善せず、結局は本人の心理的な問題が原因であった方もいます。

この本では、多くの事例をもとに構成されています。本来心理療法のセッションでは個人情報は公開されないことが原則ですが、可能なかぎり該当するクライアントには、匿名での内容の公開の許可を取っています。しかしながら二十年以上前の方の話もあって、連絡が取れなかったケースは、個人が特定されないように年齢や職業、名前を変えています。

また、内容には補足や修正が加えられています。長期間に渡る個人セッションや、グループワークの中で起こった現象ですので、それをそのまま記録として公開するのは不可能であり、何よりも読者の皆さんにわかりやすく記述することを第一にした次第です。

霊的憑依をどのように理解し、それを解決につなげていくかというところがこの本の要《かなめ》ですから、出来る限りわかりやすく説明したいという思いで、多少物語風に書かれている部分もあります。

この本では霊界や霊魂について、さらには輪廻転生《りんねてんせい》などについての様々な解説や説明がなされていますが、これらは私個人がこれまでの経験や学びから得たものであって、これが正しいとかこれが真実である、というようなものではありません。まあこんな世界もあるのかなあ、というぐらいで充分です。

また、どの章から読んでいただいても構いませんし、興味のある章だけでも充分です。

プロローグには私がどのような経緯で心理療法と除霊を統合していったのかというプロセスを書いています。関心があればプロローグから読んでいただければ、どういう経緯で心理療法の向こう側に行ってしまったのかがわかると思いますので、それ以降の章を理解しやすくなると思います。

はじめに 2

プロローグ 13

第一章　心理療法 31

プロローグ

この本を読んで下さっている方々に、著者である私が、どういういきさつで「心理療法の向こう側」、というテーマで霊的憑依を扱うようになったのかということを理解していただくためにも、著者自身のこれまでの個人の来歴を話させていただきます。読者のみなさんには少しお付き合いいただければありがたいです。

道を求めて

私は十八歳の時に縁あって僧侶となりました。

寺で生まれた訳でもないので、純粋に修行する僧侶の姿に憧れたというか、自分も悟りを開きたい、開けるかもしれない、という非常に単純な動機からでした。この単純な動機を仏教では発心《ほっしん》と呼び、仏道修行《ぶつどうしゅぎょう》の第一歩として大変重要視します。この発心があるからこそ、全てを捨てて出家して、その当初の目標のために精進努力するというのが、仏教の大前提であり建前です。

ではどうやったら出家して僧侶に成れるかというと、これがそう単純にはいかないのです。仏教には大なり小なり宗派というものがあり、お寺のほとんどがいずれかの宗派や教団に所属しています。

僧侶になろうとすると、どこかのお寺に弟子として所属しなければなりません。その上で宗派が管轄する場所、所定の課程を修了して晴れて一人前の僧侶になるわけですが、この最初の関門が大変でした。なぜならお寺はそのほとんどが世襲制《せしゅうせい》で後継されており、新参者《しんざんもの》がいきなり、発心したので出家したいといっても、そう簡単には受け入れてもらえません。

たまたま身内の葬儀でお世話になったご住職に頼み込んで、何とか弟子にしてもらい、第一の関門をくぐることができました。

この場合、自分が好きな宗派とか、やってみたい修行とかで選ぶのではなく、あくまでも師僧となってくれた方の所属する宗派の僧侶になるわけです。

期待に胸をふくらませて僧侶の世界に足をふみこんだものの、実際の僧侶、いわゆる僧侶の世界というものは、外から見ていたものとはずいぶんかけ離れたものでした。仏教の大学を出て、所属する宗派の定められた課程を終え、建前上は一人前の僧侶となったのですが、当初考えていたような、悟りを開くとか、苦しむ人を救うというイメージは幻想でしかないと知りました。

このままこの道を行くべきか迷いましたが、結局僧侶として生きる道を選びました。いわゆる職業としての僧侶です。二十六歳の頃に現在のお寺に縁があり住職となりました。

檀家四十軒足らずの小さなお寺ですから、経済的には厳しいものがありました。しかたなく宗派の事務所に勤務するという二足の草鞋《わらじ》をはきながら、何とか自分一人の食い扶持《ぶちまかな》は賄えるという程度のものでした。

檀家さんからは、嫁さんを貰《もら》って跡取《あととり》りをつくるようによく言われました。しかし自分は寺の息子でもないし、仏道《ぶつどう》が極めたくてこの世界に入ったのだから、寺の跡継ぎのことだけを考えるような僧侶のあり方には違和感がありました。それに週のほとんどは職場の事務処理に追われ、週末には自分のお寺で法事を営むという、半分サラリーマンで、半分僧侶のようなものです。

そんな生活を十年ほど続けたのですが、仕事に対する情熱というものがどうしても起こらない、かといって家庭を築くという気にもなれない。

やはり出家した頃の思いというか、志《こころざし》といえば聞こえがいいですが、自分はもっと偉大なものになれる、多くの人を救いたいという思いがありました。文章にすればかっこいいですが、今から思えば自己肥大的な妄想ともいえますね。

ただその衝動は消えることはありませんでしたので、決心して職場を去りました。その後は様々な問題に苦悩する人に少しでも役に立ちたい、問題を解決でき、願を叶えることが出来る存在になるため、一から修行をしようと思い直したのです。

しかし何から始めてよいのか、右も左もわからない状態です。まあ僧侶ですから加持祈祷ということがよいのではないかと思い、宗派的には違う方向性でしたが、縁あって修験道、山伏の世界で修行を始めることになりました。

修験道とは山岳修行を中心とした、心身を錬磨する行が多く、何日も山の中を歩き続けたり、滝に打たれる、不眠不休で真言やお経を唱えるなど、それなりにストイックな世界です。

それでも当時の私にとってはずいぶんやりがいのある世界で、どんどんとのめり込んでいきました。

修験道の本質は、単に修行をして自分を追い詰めることが目的ではなく、その修行によって体得する通力《つうりき》（超越的な力、神仏の力）で他者を癒したり、救済するというのが目的です。

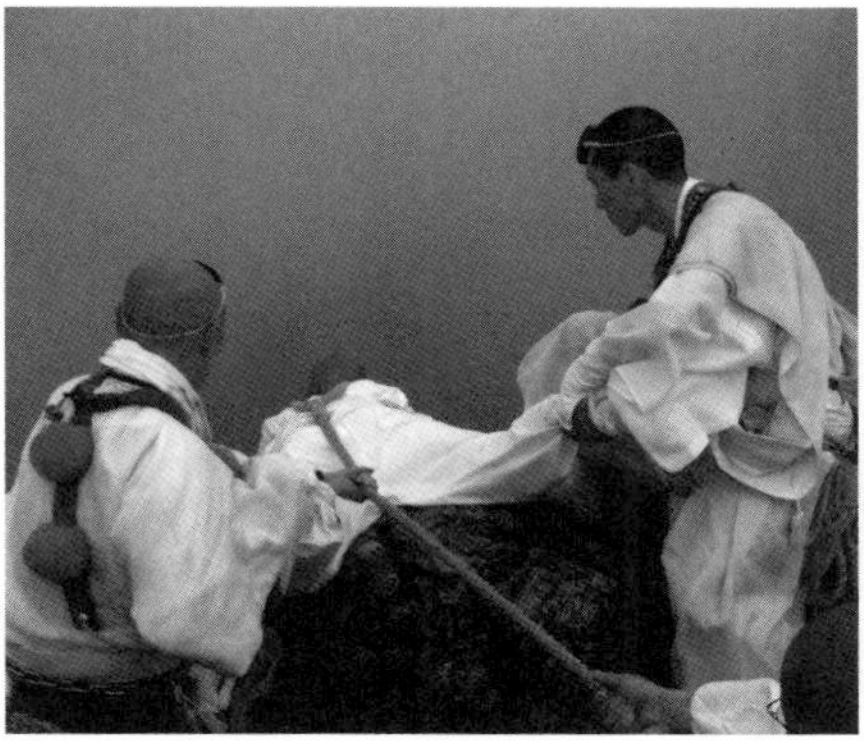

大峰山　山上ケ岳　西の覗の行場

大峰山　洞川　竜泉寺の滝行場

有名な山伏問答《やまぶしもんどう》に、修験道とは何か？という質問に答える形で、その本質を表現しています。「修験道とは、修行を積みて、験徳を顕す《けんとくをあらわす》道にてそうろう」とあります。修行をすることで見えざる神仏の力を得て、あるいは神仏と一体となって、他者を救済することなのだと言っているんです。ですから、修行するだけではダメなんですね。修行による成果をもたらすことで初めて修験道を行じたことになるわけです。

仏教では「自行化他《じぎょうけた》」といいます。自分自身の修行は、そのまま他者を救済する行でもあるという考えです。

例えば比叡山の千日回峰行の行者は十二年間、比叡山を下りずに、様々な行を命がけでなさるわけです。

そのうちの七年間で、比叡山の山中を通算で千日歩き続けるのですが、その距離は年ごとに増えて、最後の七年目は、比叡山から出て、京都市内を廻ることになります。

そうなると、その日の内には比叡山には帰れないので、市内のお寺、京都御所に一番近いお寺、清浄華院《しょうじょうけいいん》というお寺に泊ります。夕方の五時頃にその市内の寺に入って夕飯、入浴されたあと、仮眠を取られて、夜中の一時頃にはもう歩き始めるわけです。するとと夜中の十二時頃には、信者さんたちがお寺の周りに集まって来ます。集まって何をしているかというと、阿闍梨さん（行者さんのことを阿闍梨さんと呼ぶ）を待っています。道の脇に跪《ひざまず》いて合掌して頭を下げていると、阿闍梨さんがそれを見て、跪いているその人の頭に数珠を当ててあげるのです。

お加持を受ける信者さん

信者さんたちは、それが嬉しいのです。阿闍梨さんの行が結果的に信者さんにとってのお加持になって、信者さんたちは力づけられたり、癒されたりするわけです。

とは言うものの、始めから他人を救済出来る人はほとんどいません。ある程度は自行《じぎょう》、つまり自分自身のための行をしなくてはなりません。

心理療法なら、専門の大学に行ったり、心理療法のセミナーを受講したり、その分野での専門的なトレーニングを受けたりします。また特に大切なことは、心理療法やカウンセリングなどの世界では、トレーニングを受ける本人が心理療法の個人セッションを受けることが必須になります。

これは、自分自身がその個人セッションによって良い結果を得ることです。そうでなければ、その心理療法を他人に施すことはできないでしょう。心理療法家は、自分が使用するスキルに対して信頼を持つことが重要です。要するに、自分もこれで良くなったから、このやり方でうまく行くだろうという信頼です。

話を戻しますと、修験道でそれなりに修行した私は、今度は自分が得たものを他者に施すべきと考えました。インプットからアウトプットということです。

それで修験道を体験してもらいながら、一緒に山に登ったり、滝に打たれたりしながらその人の問題が解消されるように、お手伝いをすることにし、ご縁のある方と共にささやかな修行の会を作って、少人数で修験道のメッカである大峰山で先達をしていました。

そんな中で、自分自身をもっと鍛え上げねばという思いが強くなり、ストイックに自分を追い込んだせいで身体を痛めてしまいました。身体の自由が効かなくなったところで、弱り目に祟り目というやつで、もとからぜい弱な経済基盤がさらに落ち込んで、山で修行などしている場合ではない状況になったのです。

そこで、山で修行するというような形ではなく、一対一の対人援助を始めることにしました。悩み事相談のようなものになるのでしょうが、僧侶という立場で出来ることを考えました。それは病気を治したりする加持祈祷、先祖の霊を救う先祖供養、占いと言われる個人の運命鑑定、などになるのだろうと思い、今度はそちらの世界の勉強に力を入れていきました。

そして勉強が進むほど、この世界でやはり避けて通れないのが、俗に霊障と言われる、霊的な現象への対処です。私は小さい頃には少し霊感めいたものはあったのですが、成長するとともに、まったく霊感は無くなりました。

目に見えない世界のことを扱うのですから、普通では見えない世界のことが見えたり聞こえたりする必要があります。占いや運命鑑定ならば、知識と経験を積み重ねれば何とかなるかも知れませんが、霊感というもの、つまり霊能力はそう簡単には身につきません。

また、仏教では霊能力を得るために修行するのは、本来の目的からはずれた行為として非難されます。きつい表現では「外道《げどう》」といって忌み嫌われることが多いのです。

それでもあきらめきれない私は、深夜や早朝に何回も滝に打たれ続けたり、一人で深い山の中で何日も過ごしたりしては、霊感が備わることを密かに願っていました。何らかの霊能力を得て身を立てていきたかったんですね。それが修験道でいう験徳《けんとく》を顕すことだというのが、当時の私の考えでした。

霊能者を目指す

やがて修行の成果なのか少しずつ霊感のようなもの、私の場合は霊視能力のようなものが出てきました。しかし、その場合ほとんどが睡眠中に金縛りになり、目を開けてみると何か怪しげな存在がそこに居るという程度のことで、他人に憑依している霊が見えたり、病気の原因（霊障）がわかったりするものではありませんでした。それは日増しに激しくなり、ほとんど熟睡できないくらい金縛りで苦しめられるようになっていきました。

また、日常での人間関係にもトラブルが多くなり、仕事にもミスが重なるようになりました。精神的にも落ち込む状態が増え、これはまずいと霊を祓うためにお経をあげたり、九字を切ったりしたのですが、一向に効き目がありません。逆に日増しに金縛りがひどくなっていくのです。これはだめだと思いました。その道のプロに除霊かお祓いをしてもらわなければどうにもならない状態でした。

そこで九州に本部がある、高名な霊能者のもとを訪ね、除霊を受けたのですが、金縛りは依然として続きました。

次に当時、多くの著書を出していた霊能者のもとを尋ねました。そこでは本の著者である霊能者ではなく、そのお弟子さんが除霊をするということで、半信半疑ではあったのですが一時間ほどの除霊が終わると、なんだか体が軽くなったように感じました。

除霊をしてくれたそのお弟子さんは「あなたは僧侶で、いろいろな修行をなさってるからか、私達が扱う霊障があって苦しんでる人の三倍ぐらい、いろんなものが憑いてましたよ」といわれました。

無論そういわれても、私には見えないからわからないのですが、その日の夜から、金縛りが嘘のように無くなってしまいました。確かに効果があったわけです。

そのお弟子さんの話によると、努力すれば霊能が無くても、見えたり聞こえたりしなくても、除霊が出来るようになるということでした。それならば自分にも可能性があると思い、さっそく入会することにしたのです。

そして、その会が定める課題をクリアしながら、五年目に団体の主宰者である先生（教祖）から除霊をしてもよろしいと言われ、その団体の支部で除霊をするようになりました。ですから勤務していた事務所も辞めて、五年間ほど奉仕をさせていただきました。

霊能力がないのにどうして除霊出来るのか？皆さんも疑問に思われるでしょう。

この団体の教祖を私達は先生と呼んでいました。

ある時、除霊を依頼されたクライアントさんの予定と先生の予定がブッキングしていて、どうしても除霊ができなくなったそうです。そこでしかたなくお弟子さんの一人に除霊をするように指示をしたのです。そのお弟子さんには先生のような霊能力はないので「私には無理です」

と断ったそうです。

しかし、先生曰く「霊障というものはだいたい五種類ぐらいに分類出来る。今からそのやり方を伝授するから、その通りにやってみてくれ。君がやった後、日を改めて私が除霊するから」ということでした。後日、先生がそのお弟子さんに除霊させたクライアントさんと改めて会ってみると、きれいに除霊できていて、驚いたそうです。

そこで、先生は霊視や霊聴ができなくても、除霊は出来るのではないかと思いつき、これまでのパターンを分類して、マニュアル化した除霊の法を伝授して、弟子に除霊させるようになりました。私が受けた除霊もこのマニュアル化された除霊だったわけです。

とはいうものの、マニュアルさえあれば誰でも出来るのかというと、そうはいかないようです。伝授された人のなかでも、この人は出来る、この人は無理だということがありました。伝授が終わってから最終的に、先生がマンツーマンでその人の霊力をチェックして、ＯＫが出たら初めて除霊が出来るようになります。

霊的存在を見たり、その声を聴いたり、直感的に何かがわかるというような能力と、霊的存在を取り除いたり、祓ったりする能力は必ずしもイコールではないというのが私の見解です。

霊能者を諦める

除霊が出来るようになった私は、自分がやりたいことが出来るようになった嬉しさで、来る日も来る日も除霊することに精をだしていました。依然として私には霊が見えたり、声が聞こえたりしませんでしたが、マニュアルのおかげでそれなりの成果というものを肌で感じることができてもいました。

しばらくすると、鈍感な部類の私も除霊中に何かイメージのようなものや映像を見たり、直感的に相手の問題を言い当てたりするようになりました。

自分にもそういう能力が備わってきたのかと少し期待していたのですが、先生からは霊眼を開きすぎると、霊に騙《だま》されたり、日常生活に様々な邪霊や人の雑念《ざつねん》が入り込んで苦しくなる、見えるようになったら確かに便利だが、反面リスクが大きいと言われました。

こちらから見えるということは、向こうからも見えるということだから、人間に憑依しようとしている霊からもよく見えるんだ、だから霊眼を閉じるように意識して除霊するようにと指示されました。

確かに当時の先輩方の中には、霊眼が開けてすごい霊能者になって分派した人もいました。また最初は良かったけれど、だんだんおかしくなって身を亡ぼすような方もいました。どちらかというと後者の方が多かったようです。

私もいずれは独立してみたいという願望が正直ありました。しかし、そうなると何も見えない、わからないでは話になりません。グループの中でその看板を背負ってやっている分には、何とかなるかも知れませんが、独立してその世界でやっていくには力が無さすぎました。

しばらくすると私が除霊が出来るという噂が所属する宗派の知人に広まりだし、異端視されるようになってきました。表立って批判をする人もいましたが、こっそりと除霊を依頼してくる人の方が多くなりました。それはその本人ではなく、檀信徒さんか、あるいは知り合いの人で、霊障で困っている人を何とかしてほしいと頼んでくるのです。

この時は既成の宗教というか仏教というものの中味の無さ、僧侶のいい加減さ、霊的問題にいかに無力なのかを改めて痛感したのですが、かといって断る理由もないので、引き受けていました。

しかしそれが私の方向性を大きく左右するようになります。つまりその依頼は完全に私個人で引き受けるということですから、引き受けたクライアントさんに関しては私の責任において何らかの対処をしなければなりません。

私の手に余るような場合はどうするのか？ということです。グループの中なら、先輩や先生がいますから、最終的には何とかなります。個人で引き受けると、そこがないわけです。ましてクライアントさんは、これまでも、散々いろんな処へ行った後で、もう最後にここしかないという人がほとんどでした。

それにどういうわけか、来られるクライアントさんに霊能のある人が多くて、私のことを全て見える、聞こえる霊能者だと思っておられるのです。あるクライアントが「先生（私のこと）は霊が見えないのに、どうして霊が祓えるんですか？」と単刀直入に質問された時は、答えに窮《きゅう》しました。

ある霊感の強い女性のクライアントさんは、除霊の前に私の霊力の確認をさせてほしいと、私の手をしばらく握りながら目を閉じて、私の能力を確認していました。この時私は、私に霊力がないならここで終わりにして、お引き取りを願おうと考えていたのですが、目を開けたクライアントさんは「わかりました。よろしくお願いいたします」ということで除霊が始まりました。

そのクライアントさんの四十分ほどの除霊の時間、私はお経や祝詞、真言を唱えているだけなのですが、結果はよかったようです。その時間の間、こんな霊が見えて、その霊がこう言った、こうなった、といろいろ説明してくれました。

そこで私はクライアントさんに聞いてみました。

私　「始まる前、私の手を握って瞑想してましたけどあれで何かわかるんですか？」
クライアント「ええ、私の場合ああやって手を握ったり、身体に触れてその人とつながると、その人の霊力がわかるんです。直感的にわかる…、みたいなことかな」

私「じゃあ、私は合格だったんですかね」
クライアント「はい、最初は見えないって聞いてびっくりしましたけど、先生には確かに霊を救う力があると思います」

別の女性クライアントさんの時、その問題の原因について私なりの解釈をしました。

するとクライアントさんに憑いているというか、守護している存在が私と直接話がしたいと、クライアントさんの口を通して話し出しました。話すといっても声色が変わるというものではなく、守護霊と彼女でコンタクトを取って、彼女が取り次いで伝えるという形です。私はこの提案に同意して、守護霊と話すことになりました。

さっそく守護霊は
「先生は、さきほど二回うそをつきましたね。一回目はこの者に憑いているのが地獄にいる先祖の霊であるということ。二つ目は他にも関係のない霊がついているということ。それにこの者の気が触れていると思っている。この者は気など触れておらん」

と、こう言われたんです。

クライアントは、すまなさそうな顔をして
「先生、すいません。このように言えと言うものですから、お気になさらないでください」

私「はい。大丈夫ですよ。こちらこそいい加減なことを言って申し訳ないです」

と返しました。

確かに霊視して解ったわけではなく、多分こういう場合はこうだろうという、いわゆるマニュアル的な説明をしました。さらに霊障だというクライアントさんの多くが精神疾患であることも多いので、一応その線がないかどうかを、受け答えの中で探っていたことも事実でした。

こちらの手の内は向こうからは全て「お見通し」ということです。そうなると私には何も言うことができませんから、その守護をしている存在（分かり易いようにここでは守護霊とします）に詳細を教えてくれるように頼みました。

要約すると彼女に憑いているのは、半年ほど前に自殺した女性の霊で、彼女からすると従姉妹にあたる。なぜその従姉妹が彼女に憑いて彼女を苦しめるのかを聞くと、その霊は生前から邪悪な心根《こころね》があり、自分の欲望のために善からぬことを繰り返し、やがてその報いで心を病み自ら命を絶った。

本来そのまま地獄に落ちるところだったが、地獄行きを逃れようと、従姉妹であるクライアントに縋《すが》りつき、取り憑いて離れようとしない。そのせいで本人には咎《とが》がないのに苦労しているのだ、ということです。

彼女は霊感が強く、油断するとすぐに憑依される、だからその守護霊も常に注意して守護をしているが、今回はほんの少しの隙を狙って憑依されたそうで、血のつながっている者同士の憑依は守護霊や守護神でも簡単には取り除けないというのです。

それで彼女の憑依を取り払おうと、霊界の連絡網（今風に言えば霊界ネットワークみたいなもの）を使って、様々な情報や縁を辿《たど》って、やっとの思いでここに連れてきたということでした。

ここでぶつかったことは、私には憑依体を見抜く力が無いということです。憑依した存在がどのようなものかを見抜く力や見抜く人のことを、審神者《さにわ》と言います。審神《さにわ》をできない限り、霊障の本質を見抜くことは出来ませんし、憑依している霊の正体がわからなければ祈祷の効果は限定的か、またはほとんど無いわけです。

これは霊力の高さで有名な名古屋のK寺の住職から聞いたことですが、住職曰く「その人に憑いている霊がどんなものなのか、それをきっちり見分けないといくら拝んだってだめよ。例えば指が五本あるでしょ。小指が痛い、そこに問題があるのに、親指や他の指を治療しても小指が痛いのは治らないでしょう」

その通りだと思います。結局ここが一番大切なところです。マニュアルや多少の体験だけでは越えられない大きな壁でした。

また、先ほどの例で紹介した霊能力のあるクライアントからもこう言われました。「先生は霊が見えなくてもある程度の霊力で霊を払えるようですけど、もっと強い悪霊にあったら危険ですよ。わからないように命をねらったり、病気の種を植え付けたりされますから、どうか気をつけてください」

確かに審神がてきないとリスクが大きいですね。たとえ審神ができたとしても、霊に嘘の情報を信じ込まされることもあります。審神の能力というのはそう簡単に手に入るものではないわけです。

そんなわけで、私はリスクの高すぎる除霊はしないようにしました。その結果、霊能者を目指すことを諦め、占い、あるいはカウンセリングのようなことで自分の身を立てていこうと方向転換したのでした。

それから占いの世界にも三年ほど身を置いたのですが、この世界も売れる占い師ともなると、直感というのか霊感のようなものがあります。クライアントさんからしても、ある種、霊能力のようなものがある人の方が受けがいいわけです。ここでも霊感の有る無しが実績に影響してきます。結局、霊能力の壁をこえられないんですね。

そこで考えたのが占いとカウンセリング、セラピーを融合していくというやり方でした。占いをやって、その後セラピーをするというパターンでしたが、意外とうまくいきました。おかげで多少人気のある占い師にもなれました。

そうこうしているうちに自分の中で、何となく確信のようなものが生まれてきました。それはセラピー（心理療法）のみでも、ほとんどの問題には十分対応出来るということです。ですから心理療法を中心にして、必要に応じて占いや、時には除霊のようなことがあってもいいのではないかと考えるようになりました。

そこでいったん占いも辞めて、心理療法家として活動するようになっていったのです。そして私がどのような心理療法を学び実践していたのかは次章に続きます。

第一章　心理療法

心理療法の始まり

この本のテーマは「心理療法の向こう側」ですが、向こう側に行く前には、当然こちら側がどのようなものかは知っておく必要はあると思います。ここでは私自身がこれまで学び実践してきた、その心理療法について話を進めていきます。

心理療法はその源流をたどれば、十九世紀ドイツのフロイトの精神分析に端を発するものです。フロイトは医師として当時のヒステリー、いわゆる神経症患者の治療に対して、暗示を主にした催眠療法を利用していました。

やがてフロイトは患者の症状の改善には、患者自身が過去のトラウマ体験、また抑圧されて記憶には出てこないような体験の中にある感情、欲望、などが患者自身の口から語られていくことが重要なのだと気づきます。

そのためには患者が過去の記憶を想起して、自分の行為が過去の体験と関連していること、また自分の問題が歪《ゆが》められた心の奥底にある願望からくるものだと気づくことが治療につながると考えました。

そこでフロイトは催眠による暗示ではなく、患者と治療者が対話しながら、患者の無意識に潜むテーマを意識上に浮かび上がらせる、無意識の意識化という治療モデルを用いました。

それは治療家が患者の夢を中心に話を進め、その内容を治療者が解釈し、分析することによって、無意識の中に閉じ込められていたものを意識化していくという作業です。意識化されるに従い、それらは気づきとなって患者にフィードバックされ、やがて症状や問題のある行動は解消すると考えました。これが精神分析の考え方で、治療モデルでもあります。心理療法の元祖みたいなものですね。


フロイトには多くの弟子がいました。その中でもユングは後世に大きな影響を与える心理療法家です。やがてフロイトのもとから分かれたユングが、無意識には個人レベルのものと、より大きな集団レベルのものがある、という考えに立ち、集合無意識という概念を発表します。

この集合無意識の考えはとても重要なもので、霊的憑依の問題とも深く関連しています。ユングはオカルト（隠れたもの）、神秘主義や霊的世界にも関心があり、自身もまるで霊能者のような体験をしています。

師匠であったフロイトはそれを忌《い》み嫌っていたので、フロイトとユングはやがて袂《たもと》を分かち、師弟はそれぞれ別の道を行くことになります。いずれにせよこの二人の業績は多大なものがあり、現在でも大きな影響力を持っています。

心理療法との出会い

さて、私自身が最初に出会った心理療法は、インナーチャイルドのワークと言われる催眠誘導療法の一種です。

人間が抑圧してきた感情や本音（欲望）を、地下にある小さな部屋に閉じ込められた子どもというモチーフに仕立てて、その子どもを大人であるクライアント本人が部屋から連れ出し、淋しかったり悲しかったりしたであろう、子どもの感情を癒すという筋書きで、イメージ誘導によるワークを行ないます。

これらは全てクライアントのイメージの中で繰り広げられます。いわば覚醒した状態で夢を見るようなものでしょうか。このイメージを誘導するのがセラピストです。単純なワークなのですが、抑圧された感情を解放するには効果的なスキルです。私自身もこのワークによって随分楽になったことを覚えています。

次に出会ったのはゲシュタルト療法と言われるもので、先のフロイトの精神分析から分派したフリッツ・パールズという人が創始したセラピーです。

ゲシュタルトセラピーは図と地、図と地の反転、未完了と完了、今ここ、などの概念をベースに置きワークを勧めます。

図と地は表面にあるものと奥にあるもの。それが反転するとは、忘れられていたり、抑圧されていたりする自分の部分、たとえば感情や怒り、欲望などが表面に出てきた状態です。お酒を飲むと人が変わったようになるのも、ひとつの図地反転の例です。

この図をよく見てください。一体何に見えるでしょうか？

多くの人は壺のようなものが見えると言います。

でもそうでしょうか？　目を凝らして見つめていると壺の背景にあった部分が浮き上がって

きます。するとある瞬間に、パッと画像が入れ替わります。背景でしかなかった部分に二人の人の顔のようなものが見えてきます。この瞬間が図地反転というものです。逆に最初に人の顔が見えた人は、真ん中に壺が浮き出てきます。

この瞬間が「気づき」というもので、心理療法、カウンセリングでは最も重要なものです。この「気づき」は頭でわかったというだけではなく、今までのことが全く逆転するような、驚きを含んだ新鮮な発見のようなものです。日本語では腑《ふ》に落ちるという表現が妥当かもしれません。

図地反転は「気づき」と言い換えていいでしょう。セラピーでは、クライアントが自分の中にあるこれまで無視していた感情や欲求に気づくことが、クライアントの問題解決に必要なものと考えています。

ここである事例を利用して説明してみます。

例えば、人間関係でいつも人の目を気にしてしまう、周りから受け入れてもらえないのではないか?といつも不安を感じている人がいたとします。その人は心療内科にいったら、不安障害という症状だと説明され、薬を飲んでも不安な気持ちはなくならない。こんな場合、ゲシュタルトセラピーでワークをするとこんな風になるというのを、例をあげて説明してきます。

○個人セッションの例

クライアントは不安障害をもっており、そのためにセラピストのもとを訪ねてセッションを受けています。

セラピストはゲシュタルト療法、エンプティチェアーのスキルを用いてセッションに臨んでいる、という構成です。

クライアント「はっきりと、あなたのことは嫌だとか言われるわけではないんですが、ふとした瞬間にこの不安が浮き上がるんです」

セラピスト「不安があなたの感覚に浮き上がってくるんですね」

クライアント「そうです」

セラピスト「じゃあ、どんな風に浮き上がってくるのかを、表現してくれませんか？」

クライアント「…え、どんな風に…？」

セラピスト「そう、さっきあなたは右手で胸のあたりを押さえてましたよね。そうです。そう…、そこに浮き上がるんだ」

クライアントは右手で胸のあたりを押さえる。

セラピスト「そうです、そうするとどんな感じか？…それを言葉にして、言ってもらえません？」

クライアント「言葉にですか？…、うーん…そう、なんか苦しくなってきました」
セラピスト「じゃあ、苦しい、って言ってみて」
クライアント「…苦しい…」
セラピスト「もっとはっきり、大きな声で言ってみて」
クライアント（大きな声で）「苦しい…」「あ、なんかスッキリしました。…、でも不安な感じはまだ奥の方に、ぎゅっと詰まった感じであります」
セラピスト「では次に、試してほしいんですけど、そのぎゅっと詰まった感じの不安というやつを、今あなたの目の前にあるこの誰も座っていない椅子の上、つまり空っぽの椅子の上に置いてみたら、どんな姿形をしているか、青とか赤とか色なんかもあるかもしれないけれど、教えてもらえますか？」

これは空っぽの椅子、エンプティチェアーといいます。ゲシュタルトセラピーの典型的なスキルの一つです。この椅子にクライアントの抱えるあらゆる問題を座らせて、対話させる。そのプロセスの中でクライアントが自ら気づくわけです。

クライアント「…うーん、色は灰色というかほとんど黒いような、形はやっぱりぎゅっと固い、固まった四角いもんです」
セラピスト「すると、その四角いもんは、あなたに何と言ってます？」

クライアント「え、…何て？…」
セラピスト「まあ、あえて何か言ってるとしたら？」
クライアント「がまんしろ、って言ってます」
セラピスト「がまんしろ。そう言われたあなたは何て言いますか？」
クライアント「…どうして？…何で？」
セラピスト「じゃあここで一度、あなたがこちらの空っぽの椅子に腰かけてみて、その四角いのになって答えてみてください」

セラピストはクライアントを空っぽの椅子に座らせる。

クライアント「あんたを守ってる」

セラピストは、クライアントを元の椅子に戻す。

セラピスト「この四角い、ぎゅっとした不安は、あなたを守ってるって言ってますよ」

クライアントはしばらく考え込むようなしぐさをしながら、その間セラピストはクライアントの発言を待ち続ける。

クライアント「あっ、なぜか今職場の上司の顔が浮かんだのですが、そう思うと少しイラッとしてきました」
セラピスト「なるほど。上司の顔が浮かんできて、腹が立っているんですね？少し違うところに来たかもしれませんが、続けてみましょう。そのイラッとした感覚をもっと感じてみて」

クライアント　「ああ…これ、言っていいですかね？」
セラピスト　「はい。何を言っても大丈夫ですよ。その人はいませんからね。ここにいるのはあなたのイメージですよ。ですから遠慮なく思いのたけをぶちまけてください」
クライアント（小さな声で）「ばかやろう…」
セラピスト　「遠慮しないで、もっと大きな声で」
クライアントは大きな声になって
クライアント　「ばか、死ね、お前なんかに何がわかるんや、お前のせいで吉田さんやめたんやろ。お前がやめろよ」
クライアントはかなり興奮して
クライアント　「お前がばかなんやろ。このぼけ、死ね」
そういって力が抜けた状態になる。
セラピスト　「どうです、今そう言って、どんな感じです？」
クライアント　「ああ…、なんか、スッキリしたというか、そうだったんだなぁって、ずいぶん前のことなんですけども、いろいろあったんですよ」
セラピスト　「スッキリされたということですが、最初の不安はどうなってますか？」
クライアント　「かなりスッキリして、今はあまり不安は感じないですが、でも全く無くなったということではないと思います。

で、これって不思議なんですけども、怒っている間に、上司だったはずなのに、父親と重なるというか、最後の方は父そのものだったかも知れません」

セラピスト「そうですか、最終的にはお父さんだったんですね」

クライアント「ええ、結構きびしい人だったので、人前ではいつも笑顔でいなさい、みたいなことを言われてたんです。

うちが自営業で商売してたせいもあるんでしょうけど、そのくせ自分は家族の前ではいつも不機嫌で、ちょっとのことでも怒鳴り散らすような人でした。だから私は父のことが嫌いで、母がいつも苛められているように思えてならなかったんです」

セラピスト「なるほど、いつも笑顔でいるということは、人前では自分の本心を明かさないことですよね。腹が立ってもそんなこと言ってもだめだし、きっと顔の表情にも出せないですね」

クライアント「そうです。今の仕事もお客さん相手の仕事だから、そんなことしたら、もう終わりですよね」

セラピスト「だから、あなたの不安は、あなたを守ってるって言ったんですかね？」

クライアント「あ、そうです。そうだ、きっと…」

セラピスト「うん。だとすると、あなたの不安というか、不安障害でしたっけ、確か病院で言われたのは。その不安はある意味、あなたのために、あなたを守っていたことになるんですね」

クライアント　「そうなんですかね…」

セラピスト　「これは、私の見解ですが、最後に出てきたあの怒り、お父さん、上司に対する怒りですがね、これをあなたはずいぶんと我慢してきたということですよ。我慢というのは抑圧とも言うんですが、出しちゃいけないもんだから、でもそれは抑圧されているので無くなったわけではない。いつ出てくるかわからない。

そうなると不安にもなりますよね」

クライアント　「そう、でも全然そんなこと忘れてました、父親に対する怒りなんか、もうずいぶん昔のことですから」

セラピスト　「そうです、ずいぶん昔のことですが、あなたが最後に感じたのは、まさにそこでした。父親に言いたかったこと。父親に対して感じていた怒りが、あなたの中に残っていて、それが、たまたま父親に似たような人というか、あなたがその昔、置かれていた状況と似たような状況の中で、投影がおこったのかもしれません」

クライアント　「投影ですか?」

セラピスト　「はい、投影といいます。あなたの場合は父親に対する怒りが、無意識の層に「しこり」のようになっている。それは父親に向けられたものだけれども、無意識はその怒りを父親に似た存在や、無意識的に父親と認識した相手やものに、その怒りを向けるんですよ。

でもあなたはそこに厳しい規制がかかってたようですね。いつも笑顔でいなければならない、というような。これがあるからあなたの中では膨張し噴火しようとする怒りのエネルギーと、それを押しとどめようとするエネルギーがせめぎ合うわけです。

その結果、不安を感じるという形であなた自身をコントロールしてきたのかも知れません。不安があれば、私たちは行動を制限したり、自粛したりしますよね。でもこれはあなたの心の中で起こった葛藤でしかなかった」

クライアント「そうかも知れません。難しいことはわからないですけど、なんか本当に晴れ晴れした感じです。もう人の目をきにしなくてもいい気がしてきました」

セラピスト「そうだといいですね。どうしましょう。このテーマでの働きかけはこのあたりでよいように思えます。さらに働きかけたほうがよいのなら、もう少し掘り下げることもできますが、どうしましょう？」

クライアント「今日はこれで十分です、ありがとうございました」

というような流れですね。

ここで使っていた「からっぽの椅子の技法」、エンプティチェアーが、私の心理療法では欠かせないものになっています。

○グループセラピー

催眠療法、ゲシュタルトセラピーは、多く個人セッションで用いますが、グループセラピーでは少し違うスキルを使用します。

私自身はそれをロールプレイと呼んでいますが、先のゲシュタルト療法における感情の解放とテーマの完了、家族や人との絆の回復を中心にした技法を使います。

これは先ほどのエンプティチェアー技法の応用のようなところもあります。エンプティチェアーではまさに空っぽの椅子の名の通り、そこには実際に誰かがいるわけではありません。あくまでもイメージとして、誰か、何かをそこに座らせるわけです。

しかしロールプレイは実際に誰かをそこに立たせてワークをします。

クライアントになった人が父親との葛藤を解消したいと望むとするなら、参加者の中から父親に似たような人を選んでもらって、その人に父親役をやってもらいます。父親に似た人と向かい合えば嫌でも何らかの感情は感じますね。これは投影を利用することで、よりリアルな感情を感じてもらうための方法です。

クライアントと父親役はお互いに向かい合って、目をあわせて貫います。しばらくするとクライアントは自分の中にある何らかの感情に気づきだします。

この場合セラピストはファシリテーターと呼ばれます。ファシリテーターは、クライアントの表情や変化を観察しながら、感情を出していくサポートをします。時には音楽を流したりしながら、感情が出てきやすいようにしていきます。

エンプティチェアーはイメージですが、このロールプレイではたとえ違う人物とはいえ、そこに実際の人が存在しますから、感情の感じ方や出方が、よりリアルなものになります。時には自分でも思いもしなかった言葉や本音が飛び出して、クライアント自身が驚くこともよくあります。

出てきた感情はたとえどんなにネガティブなものでも、出来る限り感じて、同時にでてきたネガテブな言葉も吐き出すようにします。これはカタルシス（浄化作用）とも呼ばれる技法の一つです。

多くのクライアントの問題の奥には、親子関係での感情のもつれのようなものがあります。「自分は愛されていない」、「親のせいでこうなった」、「父親、母親を許せない」、「もっと認めてほしかった」、など様々です。

本来深い愛情でつながっている親子の絆が、自分にはないものと思い込んでしまい、その結果、必要以上にそれと同じものを他人に求めたり、あるいは逆に自分は誰からも愛されないと思い込んで、誰にも心を開けないでいたりします。

　この感情や思いは潜在意識に抑圧されて存在しており、本人が意識していなくても一種のプログラムのように作用します。

　親に愛されなかった私…、それが拡大されて誰にも愛されない私、というような物語になり、本人の気づかないままに悲劇の主人公を演じてしまうというものです。

家族システムのもつれが解消した状態　中央のサークル

　ですからこのワークでは、最終的には親子の絆あるいは兄弟姉妹、パートナーとの絆を本来あるべき状態へと、絆を紡《つむ》ぎ直すことがワーク自体のアウトカム（目標）になります。この絆の回復によって、クライアントの中に変化がもたらされ、ネガテブなパターンを繰り返さないようになります。

　私はこれを「プログラムの書き換え」と呼んでいます。意識的にはなかなか出来ない潜在意識にあるプログラムを書き換えます。ですからこのワークは予定調和的というか、最後は愛情を確認してつながるという具体的な形で終わるように、ファシリテーターはリードしていきます。

この技法は大変効果的です。私自身もかってクライアントの一人として、このロールプレイで癒された経験があります。これまで多くのクライアントにこのワークをしてきました。そして様々な問題や課題を実際に癒し解決してきたのです。

○ファミリーコンステレーション

同じグループセラピーの一つに、ファミリーコンステレーションと呼ばれるものがあります。先のロールプレイと見た目はよく似ているのですが、中身はかなり違います。このコンステレーションはドイツ人セラピスト、バート・ヘリンガーが創始したグループダイナミズムを利用した画期的な療法です。

ヘリンガーは最初プライマル・セラピー（原初療法）、ゲシュタルトセラピーなどを学び、自身でもセラピストとして多くのクライアントへの働きかけを行なってきました。そんな中で多くのクライアントが、自分自身の苦境を語る際に、その顔はどこか自信に溢れ、笑顔すら見せるという点に気づきます。苦しいと言っているのに顔は笑みをたたえている。

ヘリンガーによればこれは「絞首台のほほ笑み」と呼ばれるそうで、欧州にはそういうことわざのようなものがあるそうです。なぜ絞首台の上で死を直前にして笑えるのか？それは自分の命に代えてでも守りたい何か、あるいは命より大きな価値のあるもののためだからだ。というのがヘリンガーの説です。

また、当初彼のセッションはプライマル・セラピーのスキルである、感情を出来る限り極限的に解放し、トラウマ体験を再体験し、それを表現するプライマル・スクリーム（原初の叫び）が多かったそうですが、いくら感情の解放を続けても一向に改善の見られないクライアントも多く、感情の解放を基本にしたプライマル・セラピーやゲシュタルトセラピーに疑問を持ち始めたのです。

ヘリンガーは、ユング心理学の集合的無意識に着目します。

彼は個人の苦悩の根源には、家族という一つの集合体の中での関係性からくる「もつれ」が関係していると考えたのです。

その「もつれ」とは無意識的に起こる家族内序列の乱れであり、同一化現象でもあります。またそれは世代を超えて連鎖していくものと考えられ、一つのテーマが家族間において継承されていくものとしています。

ヘリンガーは、それを家族の無意識の領域から、私達の目に見える形、家族システムという形で明るみに出す方法を考案したのです。これがコンステレーションです。

そもそもコンステレーションとは、「座」という意味です。例えば夜空に輝く星座の「座」も同じ意味です。冬の星座で誰にでもわかりやすいオリオン座は、その三つ並んだ三ツ星が特徴です。

仮にこの三ツ星の一つが欠けたら、オリオン座はどうなるのか？オリオン座ではなくなってしまう可能性もありますね。つまりオリオン座としていくつかの星が星座という関係性をもっているからこそ、オリオン座になるわけです。この考え方を家族システムにも応用するわけです。

ここでいうシステムとは相互作用を持った二人以上の関係性というもので、簡単に言えば一方が変化すればもう一方も変化すると理解すればいいでしょう。

またシステムというのは個々の要素の集合というものではなく、システムそのものが意志のようなものを持った存在とも考えます。一度出来たシステムは、システムそれ自体を存続させ、もしシステムに重大な瑕疵《かし》があればそれを修復しようとするのです。

さらにシステムというものは一度その関係性が固定されれば、なかなか変化しない傾向を持っています。

家族というのはこのシステムと同じ作用をするものだという理解です。ヘリンガーは家族というものは単なる人の集合体ではなく、ある意味、命ある生命体のようにシステムとして存続し、機能していると考えます。

ですから家族システムに欠如や欠陥があれば、それを修復したり、補ったりするわけです。それは家族構成員の誰かが意識レベルでそういう行動をするのではなく、家族システムとしての力動によってなされるものなのです。これをヘリンガーは「集団的良心」と呼びました。

この「集団的良心」は、我々が日常イメージする善悪を判断するとか、他人には思いやりを持つべきだ、というような道徳的な心ではありません。集団、システムの中に起こる力動、ダイナミズムと理解した方がよいものです。

ではこのシステムの何が問題なのか？というと、それは家族間の関係性の「もつれ」が問題なのだということです。この「もつれ」は家族の中における秩序の乱れを意味しています。

そこには秩序があり、家族に属する全ての者には、その家族システムに所属する権利があります。秩序とは一つの家族で言えば序列のようなもので、第一位が父親、第二位が母親、第三位が第一子、第四位が第二子、というように続きます。

ヘリンガーの考える家族は親、子、孫、の三世代を一つの単位としてとらえます。すると祖父母が始まりで、父母、そして子どもの三世代です。多くの場合この「もつれ」はこの三世代の間で起こるとされます。

例えば祖父母、父母、子ども一人という五人の家族を例にしましょう。

この場合、祖父母は存命であってもそうでなくても関係ありません。子どもがうつ状態で自殺願望が強く、多くの治療を受けたが効果がない、そこでその母親が相談に来たとします。すると家族システムの中で、排除された存在、忘れられた誰かがいるかどうかが重要な鍵になります。つまりこの五人の家族には本来はもう一人、あるいはもっとたくさんの誰か？がいると考えるのです。

それは情報によってわかっていきます。子どもから見た父親には兄弟がいて、一つ上には生後間もなく亡くなった男の子がいたとします。その後、何年も経って生まれた父親には、自分が最初の子どもだと知らされていたので、自分の上に死んだ兄にあたる存在がいるということは認識にありません。

認識にはないだけで、事実としてはそこに死んでしまったけれども兄にあたる存在があるわけです。ヘリンガーによれば、家族システムに所属するのは母親の胎内に生命を宿した瞬間に所属するので、その死んだ男の子は家族システムに所属するわけですから、この例の場合五人の家族システムではなく、夫の兄にあたる死んだ男の子を入れて六人の家族システムということになります。

それではこの死んだ子どもと長男の「うつ」がどう関係しているのでしょうか？

家族システムの中で、最後に生まれた存在は、自分が与えられた命を大きな恩恵として受け取ります。そして無自覚的に家族システムに貢献しようとします。つまりシステムの欠陥を補おうとするわけです。この無自覚的な貢献のあり方こそが「集団的良心」でもあります。

家族システムの中で、排除された存在がそこにある時、その家族システムでは序列が下になる存在が、排除されている存在を埋めようとして上位の存在と同一化していく現象、代理がおこります。つまりこの家族では一番下の男の子がその「集団的良心」の体現者であり、その死んだ子どもの代理人になります。

この男の子の場合は、家族システムでは自分より上位である父親の兄にあたる、つまりは死んだおじさんに同一化していることになるので、本来の序列が乱れていることになります。これが「もつれ」です。

オリオン座の例でいえばオリオン座の三ツ星の一つが欠けたとしたら、その欠けた部分を補おうとして、他の小さな星が失われた星の替わりをしようとする、それによってオリオン座であり続けようとするのです。

「うつ」の男の子は、死んだ自分のおじさんに繋がって、家族システムから排除された、即ち存在が忘れ去られた状態の、父方の叔父の代理をしてしまっている、それが「もつれ」であり、同時に「集団的良心」の力動でもあり、無自覚の同一化現象でもあるのです。

同一化してますから、結局死んだ人のようになるということです。

意識は生きていても無意識は死んだ人の状態ですね、つまり本人の表面的な意志に反して「うつ」状態になり、自殺念慮《じさつねんりょ》が沸き起こって、死にたがるようなことが起きます。

この同一化は家族システムの中、ユング的にいえば集合的無意識の領域で起こっていますから、通常の個人レベルの無意識を扱う範囲では表面化しません。代理人というシステムを使って始めて明るみに出てきます。

コンステレーションは、先ず問題解決を望むクライアントの話の内容を聴いて、家族の問題ならば家族の、病気ならば病気、お金の問題ならお金、というようにそれぞれに該当する人物や事柄の代理人を立てます。

向かって右がファシリティターである著者

そして重要なことは、クライアント本人の代理人も立てることです。その後はファシリテーターが、コンステレーションにおけるルールや、仮説によって、「もつれ」を明るみに出していきます。

上の写真のようにファシリテーターが、クライアントから様々な情報を聴きます。

そして、ある程度話がまとまったら、クライアント自身に代理人を選ばせます。家族の問題なら家族のほとんどのメンバーをグループの参加者の中から選びます。

クライアントが選んだ代理人をそれぞれ、中央のフィールドに配置していきます。すると代理人には何らかの感覚、嫌な感じ、いい感じ、あるいは動きたくなったり、ある一点だけを見るようになったりします。それをファシリティターは代理人に確認しながら、情報を集めていきます。

先の例でも言いましたがコンステレーションでは、排除された存在、つまり居ないことにされた存在が、結果的にシステムの中で大きな影響力を持ちます。

家族システムの場合、亡くなっていて忘れられた存在が重要な鍵になります。流産や中絶と

横たわっているのは死んだ子どもの代理人

いうテーマは重要になります。ファシリテーターは代理人からの情報を出来る限り収集しながら、慎重にワークを進めていきます。

例えば中絶された子どもの代理人を出すことによって、そのコンステレーションの本質が明るみになることもよくあります。

死んだ子ども、それもこの世に生まれることもなかった存在ですが、家族システムの中では生きている他の家族メンバーとともにそこに存在しているのです。

家族システムが本来の序列に戻ると、家族を代理している代理人たちは自然と輪になろうとし始めます。

序列が戻るというのは、死んだ子どもがその家族で最初の子どもであれば、父親、母親、死んだ子ども、生きている長男、生きている長女、という順番になるわけです。

つまり死んだ子が一番最初の子どもになり、性別がわかっていれば男なら長男、女なら長女ということです。

そのことをその家族システムに属する全員で認めること、コンステレーションでは「共通了解」といい、この共通了解することによって、システム上の「もつれ」が解消され、家族全体のシステムと同時に個人の潜在的なプログラムも書き換えられていくと考えます。

無論排除された存在は子どもだけとは限りません。戦死者や自殺者、事故死、行方不明者、犯罪者となって家族から除外された者など様々です。ですからコンステレーションには父方、母方の家系三代ぐらい遡《さかのぼ》った情報が必要になります。それは排除された存在が、どこに存在しているのかが焦点になるからです。

ヘリンガーがこのコンステレーションを創始した時は、働きかけの対象は家族システムに限定されていました。その後多くのファシリテーターが様々な分野にこの方法を応用し成果をあげ、システムであればあらゆる問題に応用されるようになり、呼び名もファミリーコンステレーションからシステミックコンステレーションとなっています。

例えばビジネスの分野では、会社組織におけるシステムの「もつれ」を見ることができますし、個人の問題を本人と問題、あるいは本人と病気という二項関係のシステムとして働きかけを行なうこともできます。

コンステレーションには多くの可能性があります。これまで踏み込むことがなかった領域にも踏み込めるようになりました。それは心理療法の大いなる進化といってもいいものです。

コンステレーションでは、システムの「もつれ」を解消するために働きかけをしているうちに、代理人が突然豹変《ひょうへん》してしまって、コンステレーションを妨害しようとしたりもします。これはシステムそのものが意志のようなものを持っており、現状のシステム変更に抵抗することからくるものとされています。

しかし、実際粘り強く働きかけると、システムそのものというのではなく、そのシステムに入り込んでいる霊的存在である場合があります。私がコンステレーションのトレーニングを受けていた頃に聞いた言葉は、「呪い」という言葉でした。

コンステレーションはドイツ人で元神父でもあったヘリンガーが創始したものですし、コンステレーションは欧米を中心に広まり、二〇〇〇年代になってようやく日本にも導入されたものです。考え方のベースは欧米的というか、宗教的にはキリスト教的な世界観になります。

日本でいうような霊的な存在、例えば浮遊霊とか地縛霊、先祖の霊が子孫に助けを求める、あるいは人間以外の魑魅魍魎《ちみもうりょう》などという概念はあまりありません。何かわけのわからないネガテブな異物のようなシステム上の瑕疵《かし》は、だいたい「呪い」という形で処理されていたようです。

私は僧侶なのでキリスト教的な世界観ではありません。私が働きかけをするコンステレーションには、日本人が持つ世界観が反映されるようです。その結果、心理療法ではおよそ扱わない、いや扱えない類《たぐい》の領域に踏み込んでしまったようです。

しかし、それを何とか解決に導くことによって多くのクライアントの問題を解決したことは事実としてあります。そこで心理療法なのか除霊なのかという二者択一ではなく、出てきたものを何とかするというのが、いつしか私のスタイルになっていきました。

気が付けばコンステレーションの働きかけの結果のほとんどが、霊的憑依現象を扱うことになっていきました。そうするとワークの参加者や、心理療法を学びに来た受講生はびっくりして、次から参加してもらえないこともありました。でも出てくるものは仕方ありません。やり続けるしかないと腹をくくってやってました。

すると個人セッションやグループワークなどが、どこにいっても解決できなかった問題を抱えた方の駆け込み寺のようになってきたのです。

おかげで多くの困難な症例を扱うことができました。それによって、人間のシステム、無意識に潜む霊的現象の深淵な世界を垣間見ることができたのだとも思っています。

この得た知識を関心のある方に分かち合えば、心理療法家、霊的現象を扱う専門家の皆さんにも、多少の役に立つのではないかと思うようになり、この本を書こうと思い立ったわけです。

次の章からは実際の霊的憑依についての話が中心になっていきます。

第二章　心理療法と霊的憑依

心理療法と霊的憑依

第一章でも触れましたが、私自身は心理療法をする以前には、祈祷、運命鑑定（占い）などを中心に対人援助の活動をしていました。

そんな中で感じたことは、霊障ということで相談に来る多くのクライアントの問題は、つまるところ心の問題ではないかという思いが強くなりました。

当時、心理療法の有効性を確信していた私は、最終的には心理療法を中心にして活動するようになった経緯は先にも述べました。

無論、霊的憑依は確かに存在しています。まるでオカルト映画のような現象も体験しましたし、実に複雑で、関わる者にとって恐怖を感じるようなことも多くありました。そんな中で気づいたことは、たとえ霊的な問題が解消されても心理的な問題は残るということです。

多くのクライアントにあることなのですが、霊的憑依を解消しても、しばらくするとまた違う霊が憑いたから、何とかしてほしいという依頼をしてきます。最初のうちはこちらも真摯《しんし》に取り組むのですが、度重なってくるとこちらもどうもおかしいな？と思い始めるわけです。

霊障を口にする多くのクライアントには、自分の抱える問題を外在化して、一時的に問題を回避するパターンを繰り返す場合があります。それは自分のトラウマに触れたくないという思いもありますが、何よりも強く影響しているのが依存心です。

この依存心を何とかしないと、いくら霊的憑依を解消しても、また同じような霊体に憑依されたり、霊障がなくなっても、自分の人生を取り戻せない人がいかに多いかということを知らされました。

そして、これとは逆に心理的な問題を解決すれば、結果的に霊的な問題も解消することも多くありました。ですから心理的な問題解決のための有効な手段として心理療法や、カウンセリング、コーチングなどに注目したのです。

ただそれは、相手の話を単に聴くだけのものではなく、感情の解放や、統合のワーク、催眠療法や、グループワークなど、積極的な介入を行なうものを指しています。

そんな思いから三十代半ばを過ぎてからは、本格的な心理療法家としての学びやトレーニングを積み、心理療法家、セラピストのはしくれとして真摯に取り組んできたつもりです。

当初は思うような成果を出せず、随分悩んだこともありましたが、一つの方法にこだわらず、クライアントに出来るだけ合わせてアプローチを変えながらやってきたおかげか、多くのクライアントに貢献できたのではないかと自負しています。

心理療法と霊的憑依のはざま

心理療法をメインに活動し始めた頃は、霊的な憑依と呼ばれる、そのほとんどが心理的な問題の外在化からくる問題であり、依存症的な一種の逃避行動であろうと認識していました。心理療法はあくまで個人の心の問題であって、霊的憑依の除去、除霊とは別のものであり、分けて考えるべきと考えていました。またクライアント自身も、自分に霊的憑依があると思っている方はほとんどいないわけです。

ところがグループワーク、特にコンステレーションをしている中で、霊的憑依現象と思われる事例が頻出するようになりました。想像もしなかった家族や家系の秘密が明るみ出たり、代理人の人格変容が尋常ではないレベルになることも多く、単なる心理的な介入では処理できなくなっていきました。

それでやむなく、かつて身につけた方法、言霊《ことだま》による除霊に向かい合うことになりました。当初はとまどいましたが、出てくるものは仕方がないわけですから、出てきた霊的憑依はとりあえず片づけるしかありません。

そうこうして、グループワークや個人セッションを続けていくうちに、こんどは逆にクライアントの問題、症状、不調の原因は霊的憑依ではないのかという疑念が起きてきました。

よくあるのですが、トランス誘導や代理人を利用する場面で、クライアントの人格が変容して、突然、聞いたことのないような言葉で話し出したり、我を忘れて暴れ出したり、あるいは、クライアントがどうしても何か自分とは違う存在を確信的に感じたり、見えたりする、というパターンが増えていきました。

当初は、離人症、解離性障害だろうと考え、そのつもりで対応していたのですが、やはりどこか違う、違和感を感じます。

解離性障害は多重人格でもありますから、心理療法ならば人格の統合という形で治療していきます。

私の経験からすると、女性のクライアントで多重人格がある場合、その中心的な人格に男性的な人格がいることが多いのです。たいてい態度が悪く、そのクライアントの日ごろの態度からはイメージしにくいような物の言い方で話します。

かなり悪態をつくのですが、じっくり話を聴いているとクライアントの主人格、つまりクライアントその人を、守ってやってるんだという内容を言ってるのがほとんどなんですね。

じっくりその話を聴いて、その悪態につきあっているうちに、なんとなくこちらもその人格になじんできて、ああ、また出てきたのか、という感覚になります。その人格の方も「あんた、前も会うたなあ」ということもあり、なんとなく信頼関係みたいなものが出来上がることがあります。

そんな風に何人かの人格の話を聴いて、言いたいように、やりたいように、例えば泣きわめくとか、怒り散らすなどをしているうちに、クライアントの方はだんだん落ち着いていって、当初問題だった症状や問題行動がなくなってしまうことがよくありました。

多重人格の治療法というのは、これという決定的なものは今でもありません。私は自分の経験からでしか言えませんが、クライアントの中にある主要な人格と信頼関係を構築することが有効な治療法ではないかと思っています。

多重人格はじっくり時間をかけて統合というか、お互いの人格同士が折り合いを付ける形で何とかなるものですが、中にはどうしても統合できない人格があったり、クライアント自身が、その人格を自分のものではないと主張したりすることがあります。

そんな場合でも、その人格と粘り強く話し合いながら、何とか統合に向けてセッションを続けるのですが、クライアントの根気が続かなかったり、どうしても違和感を拭《ぬぐ》えないこともあります。

ここで初めて憑依霊ではないかと推測していくわけです。

実際に憑依霊であれば憑依の理由を聞いたり、またその要求を聞いたりしながら、そのクライアントから去ってもらうよう納得するまで対話をしていきます。必要ならばお経や、真言、時には祝詞《のりと》などをあげて、往くべき処、還るべき処、霊界に戻ってもらうという形で処置するのですが、この辺りのことは別の章に譲ります。

心理療法のセッションでの憑依事例

次に実際の例をもとに、話をすすめていきましょう。

まず最初にある女性の例をお話します。

彼女は心理療法、セラピーに関心を持ち、心理関係の講座を受講するうちに、催眠療法、ヒプノセラピーでよく使われる「インナーチャイルド」のワークを受けたそうです。

インナーチャイルドとは、私達の幼少期、親子関係に起因する抑圧された感情や、欲求を、自分の中の小さな子どもに喩《たとえ》て、それをイメージ化して、大人になった自分自身とそのイメージ化されたチャイルドを統合させていくというワーク、具体的にはその子どもを抱きしめることなのですが、彼女はどうしても自分のインナーチャイルドを統合できなかったそうです。

ワークが終わった時にそのことをセラピストに言うと、それは「あなたが抵抗しているから」と言われたそうです。もちろん、それもあり得ます。インナーチャイルドは、時として心的外傷＝トラウマそのものであることもあるからです。

ですから彼女はそれから随分時間をかけて、自分の内面の癒しに取り組んだそうです。ところが一向に統合が進まないということで、紹介を受けて私の方へ来られたわけです。

大まかな話を聴いたところで、催眠誘導によるインナーチャイルドのワークではなく、ゲシュタルト療法で使われるエンプティチェアーによるアプローチを使うことにしました。

エンプティチェアーは誰も座っていない空っぽの椅子に対象になるもの、人や事柄を置くとイメージして、クライアントに言いたいことを言わせたり、また相手の立場になったりしながら、クライアントに気づきがもたらされるように働きかけるワークです。私は個人セッションの中で頻繁に使用しているスキルでもあります。

さっそく、彼女の目の前のエンプティチェアーに、そのインナーチャイルドを座らせました。もちろん、それはイメージなのですが、彼女とそのインナーチャイルドで対話を進めていきます。ある程度イメージ化できてくると、こんどは彼女本人をその空っぽの椅子、つまりインナーチャイルドが座っているその椅子に座らせます。つまりその存在に成ってみるわけです。

私は彼女をインナーチャイルド側の椅子に座らせ、インナーチャイルドが言いたいことはどんなことなのか?と聞きました。すると彼女は若干退行ぎみに、つまり幼児言葉のような言い回しになり、こう言いました。

「連れていってくれる、って言った」

私はすかさず、「どこに?」と聞くと、彼女は「あっち」とやや大きめの声で、同時に右手で上の方を指したのです。

この時、これは怪しいな、と思い、続けてこう聞きました。

「誰が連れていってくれるって言ったの?」

すると、「この人」と言って、前の空っぽの椅子を指さしました。この空っぽの椅子は本来彼女のポジションですから、彼女が自分に対して指をさして「この人」と言っているわけです。

この瞬間、私はこれはインナーチャイルドではないと判断したのです。

おそらく、クライアントの彼女がどこかで憑依されたのでしょう。その霊体はなんらかの事情で霊界へ往けなかった子どもの霊体で、それで霊界に往きたがっている、という仮説を立てて、それを前提としてその子どもの霊体に語り掛けました。

もちろん子どもの霊体は見えるものではないので、クライアントに語りかけるわけですが、この時点でクライアントの彼女はトランス状態になっており、ほとんどその子どもの状態になっていました。

私「この、おねえちゃんが連れていってくれるって言ったんだね」

クライアント（子ども）「うん」

とうなずいて指をさす。

私「じゃあね、これから君を連れていってあげるから、私の言うこと聞いてくれるかな？」

クライアント（子ども）「無言でうなずく」

私「少し上の方を見てごらん。光が見えるだろう？」

クライアント（子ども）「無言でうなずく」

私「ほら、見てごらん、光がどんどん大きくなって、こっちへやってくるよ」

この時クライアントの顔は斜め上を見て、あたかも何かを見ているような状態になっている。

私「心配しなくていいいいんだ。その光の中へ入ってごらん、そうすると、君のことを迎えに来

てくれる人の姿が見えるよ」

クライアント（子ども）は少し嬉しそうにしています。ここで私は、この霊は霊界に往《い》けると判断したので、送霊することにしました。

送霊とは、その名の通り霊を送ることで、私は言霊を使う送霊方法として警蹕《けいひつ》を使っています。警蹕は神社で神様をお迎えしたり、お送りしたりするときに、神官が「おお～～～」と声を張り上げて送迎する作法のことです。

私の場合は「ひと、ふた、みいよ、いつむゆ、ななや、ここのたり、ももちよろず」と数回唱えて「おお～～～」と送霊しています。

この時も最後はこの送霊によって、子どもの霊体はクライアントから離れて、霊界へと旅立ったのです。警蹕が終わって、クライアントに声をかけると、少し呆然《ぼうぜん》としていましたが、何かが抜けていったような感じで、とてもすっきりしたということでした。

このクライアントは、自分には霊的能力はないし、そもそもそんな子どもに記憶はないので、なぜそんなことになったのか？その理由を聞きたがったのですが、正直なところ私にもわからないのです。

推測で言えることは、おそらくクライアントがどこかで、その子どもの霊とつながった（霊学では気線が繋がるという）、気線が通じて憑依されたということでしょう。

彼女には見えなくても、その子どもの霊には彼女が見えたのか、誰かに似ていたせいで、この人についていけばいいと思ってついてきたのかもしれません。

では子どもの霊が言った「連れていってくれる」と彼女はいつ言ったのか？おそらく無意識のレベルでその子どもと対話したのかも知れません。あるいは夢の中で会話したのかも知れません。私は霊が見えたり、霊の声が聞こえたりする霊能者ではないので、この程度しか推測できませんでした。

霊能者でないなら霊は扱えないのではないか、という疑問を持たれる方も多いはずです。

何を隠そう私自身もそう思っていました。もちろん扱えないようなものも多くあります。霊は長い間さまよい続けていると自分自身が何者かを忘れ、時には凶悪な存在になることもあります。また怨念をもって死んだ霊が、長い年月恨み続けているような場合は、簡単にはいかないことも事実としてはあります。

この例でわかることは、その霊に対する適確な情報分析と、適切な対応があれば霊的憑依にも十分対処出来るということです。これは除霊というより救霊というべきものなのかも知れません。

つまり霊界に往けずに、迷子状態になってしまった子どもの霊を霊界へ送ってあげるわけですから、その子どもの霊を救済したことになります。その子どもの霊は本来の世界へ往ったので、もうクライアントの女性に憑依し続ける理由はありません。クライアントの状態は当然よくなるはずです。

しかし時には強制的に排除しなければならない場合もあります。これは霊が救済の対象にはならない場合です。それはその憑依霊が人間の霊ではない場合が多くなります。このあたりのことは章を改めてお話ししていくつもりです。

もし、クライアントの問題が霊的憑依からくるものならば、救霊あるいは除霊によって、憑依していた霊を取り除けば、長年抱えていた問題がうそのようにスッキリして、改善していくものです。

もう一つ例を出してみます。

これは催眠療法、私はヒプノセラピーと言ってますが、このセッションではよくあるケースの話です。

クライアントが深いトランスに入った時に、何らかの霊的存在とつながるというか、気線が合うというのか、多重人格のような状態になって話し出す場合です。

私はヒプノセラピーのセミナーも開催しているのですが、その際に、受講生同士でセッションの実習をしてもらいます。あるセミナーでの実習中に、受講生が私の所に飛んできて、自分の実習相手がトランス状態で何か意味不明のことを言い出して、自分ではなんともならないので、先生お願いしますということでした。

そこは畳のある会場で、その実習相手の女性は、畳にうつ伏せて倒れた状態で、手の指先だけが何かを掴もうとするように動いていました。

すぐさま耳元で、「○○さん（受講生の名前）、今どうなってますか？」と聞きました。すると「う……」といううめき声しか出てきません。

そこで「今、あなたはどこにいるの？」と聞き直すとドスの効いたような低い声で「…暗い、暗い…」と消え入るような声で答えます。

ここで私は、おそらくこれは憑依現象であろうと判断しました。

この受講生は霊との波長が合いやすいタイプで、どこかわからないが、この会場周辺に存在する霊体と気線がつながったのでしょう。この霊自体は暗い場所で苦しんでいるから地縛霊であろうという、いわば仮説を立てるわけです。

心理療法でもクライアントの話を聴いて、大まかな原因や対処方法を頭の中で考えて、それにもとづいてセッションをします。これを「見立て」という言い方をします。ここも「見立て」るわけです。見立てが出来ると、すぐに処置にかかります。

この場合は出来るだけ早く、憑依した霊には身体から離れてもらって、その霊自体を霊界に送ることが必要です。

私「暗いんだな……、私の言うことは聞こえるか？」

憑依された受講生「…うーん……」と頷く。

私「ここがどこかわかるかな？どうしてここにいるんだ？」

憑依された受講生「暗い……、寒い…、うーん…、苦しい…」

と言って苦しみ出しました。

苦しみだしたので出来るだけ早く楽にしていこうと考えました。なぜなら苦しい状態のままであれば、苦しみが優先されるから、こちらが何を言ってもダメです。それは生きている我々も同じことです。

私「暗くて、寒いんだ、それなら今から光が差し込んでくるぞ……、いいか、オンアボキャベイロ…云々」

と言って光明真言というのを唱えながら、明るく、温かくなるという誘導をしました。これは催眠暗示と同じ原理です。イメージワークが出来れば何とかできます。

真言がわからなければ光が差し込んできて、暖かくなる、だんだん真っ暗な状態から、明るい日の光に包まれていく……、というような感じで誘導すればいいです。

すると憑依された受講生ははっきりとした感じで、より苦しみもがきだしました。

これを例えていえば、今までは痛いかなあと感じるぐらいの傷がどこかにあったとします。でもその傷口が想像よりひどかった時、傷口を見る前と後では、痛みの程度がちがいますよね。これと同じ理屈で、霊も自分の状態が半分わかってない状態で苦しんでいたりしますから、自分がいる場所がこの場合だと寒くて苦しい場所だとはっきりわかってくるわけです。すると反応がはっきりしてさらに強くなります。

この憑依霊はおそらく暗黒の霊界で自分が何者かも自覚がないぐらい、深い獄界（獄界は地獄のような所）の底に沈んでいたと思われます。もしかしたら自殺か突然の事故か何かで前後不覚の状態で死んだのかも知れません。

霊は長らくこんな状態でいると、自分が何者かを忘れてしまいます。

映画の千と千尋の神隠しで、千尋が自分の名前を、湯婆婆《ゆばぁば》に奪われるシーンがありました。奪われた千尋は千と呼ばれるようになって、しばらくすると千尋であったことを忘れていきます。まあ湯婆婆がいるかどうかは別として、これと同じことが霊界ではあります。

この霊体は人間に憑依したことで、自分の状態に少しずつ気づくようになっていきます。すると記憶も鮮明になり、死ぬ時に体験していた何らかの苦痛や感情を想起していきます。そうすると霊体の反応が強くなっていきます。強くなればなるほど苦痛が増すので、救済を求めて何かにすがろうとするのです。そのタイミングを見計らって対応すると、こういう霊は救済されやすいのです。

私「苦しかろう…、今、楽にしてやるぞ」
憑依された受講生「うん、うん、助けて……、助けて……」
と相変わらずドスの効いた低い声でうなるように言います。

憑依霊は私に救済を依頼しています。セラピーでいう信頼関係つまりラポール成立です。

続けて先ほどの光明真言と光の誘導を繰り返していると、憑依された受講生の顔が少し笑みを浮かべているように見えたので、

私「見えるか？　その光じゃ…」

　憑依された受講生は少し頷く。

私「その光がお前さんを救うてくださるぞ」と力強く言い含める。

　するとこんどはすがるようなしぐさをしながら、泣き出しました。私はもう大丈夫だろうと判断したので、光の中にその霊を救済する存在がいること、例えば仏さまとか天使、その存在にすべてを任せるように言い聞かせます。頷《うなず》いたら、その状態で霊を送る儀式をします。先ほどの例でも説明した送霊というやつです。

　ここまでやって何とか憑依現象は収まって、その受講生は起き上がったのですが、自分がどうなってたのかをあまり覚えてない様子でした。「先生（私）の声だけが聞こえてきて、自分では何か言いたいとか何もなかったのに、かってに変なこと言ってました。トランス深化で十から一まで数を数えてもらうまでは、自分としてはしっかりしていたつもりです」と体験についての感想を述べてくれました。

　この憑依霊はおそらく地縛霊でしょう。

　地縛霊は死んだ人が暗黒の状態で死んだ場所に留まり続けています。ほとんどが魄体《はくたい》と言われるもので、残留思念《ざんりゅうしねん》と言った方がいいようなものかもしれません。ただこれは簡単に断定はできないことが多いのです。

　無論、私自身も霊的憑依に出くわした時には、これは地縛霊だろう、これは死者の霊ではなく、生きた人間の強い念である生霊《いきりょう》だろうとかという仮説を立てます。しかしすぐに断定はしません。

仮説を立てる理由は、その霊がもし地縛霊で、前後不覚の状態で苦しんでいるとしたら、自分の状態を理解させ、痛みや飢えなどがあればそれを癒し、満たしてあげて、楽になったところで霊界へ送り出す、という道筋がわかってくるからです。

もし実際には地縛霊でなく、「もののけ」や妖怪のようなものであれば今のようなやり方では上手くいきません。仮説なので地縛霊ではないとすれば、そこで別の憑依霊の可能性を考えればいいわけです。仮説を立てるというのは柔軟な対応のためにはとても役に立つ方法です。

霊能がある人はその霊がどういうものかを正確に把握しようとします。もちろんそれは大切なことです。しかしながら私のように、霊視力のないものにしてみればそれを確認する術《すべ》は有りません。ただ一つ確実なことは、クライアントの状態が改善されていれば、霊的憑依は解消しているものと判断するわけです。

ですから、その憑依霊が最終的に何なのか？ということは、除霊する際にある程度必要な情報ではありますが、完璧な情報である必然性はありません。

あくまでもクライアントが良くなることが目的ですから、憑依霊が一体何なのかということは、完全に決定しなくてもいいわけです。要は憑依霊が取れれば良いんです。つまり結果オーライなんですね。

このように心理療法の中で霊的憑依が明るみに出てくることは、多々あります。特に私の場合はある時期から激増していきました。

心の問題と霊的憑依はかなりの確率で融合しているのではないか、どちらか一方というのではなく、いわゆるグレーゾーンというのが多いのではないか？という仮説を立てました。やがてこの仮説は確信に変わっていきました。

ここまでは、心理療法をしている中で、憑依現象が出てくる例でした。

私はコンステレーションの用語を使って「明るみに出る」という言い方をしますが、実はこの反対もあるのです。

つまり、霊障だということで霊能者のところにいって、何度も除霊をしたが、一向に改善しないということもあります。

次の例はそのパターンになります。

四十代半ばの女性で、幼少期から見えないものが見えるため、親や周囲からはいつも変わった子として扱われ、随分苦労してきた方でした。

夜になると金縛りにあい、自分の布団の周囲にこの世ならぬ存在が集まり、まるで運動会でもするかのような勢いで暴れまわり、それが未だに続いていて、長年不眠で苦しんできたということでした。

本人曰く「これまで自分の人生で、ぐっすり眠れたことがほとんどないのです」と、かなり重症でした。

このクライアントの場合、自分の寝床だけでなく旅行先でもことごとく同じことが起こるので、ワーカーホリックのように働き続けて、疲れ切って、ようやく眠れるという状態だったそうです。

当然これまで何度も、霊能者や祈祷家のもとを訪れ、除霊をしてきたけれども一時的に良くなることはあっても、しばらくするともとの状態に戻ってしまいます。

困り果てていたところに、知人の紹介で、私のところへセッションを受けにやってこられました。話を聴く限り、私にはできそうにないなあ、というのが実感でした。

クライアントの話によると、ほとんどの霊能者が、彼女の側《そば》にいつも五～六歳の女の子が憑いていると言われるそうで、またクライアント自身もその女の子を霊視したことが何度もあるというのです。しかし何度除霊しても、その女の子は離れないのです。

私はこのクライアントは、かなり凶悪な霊団に魅入られているのではないかと疑いました。それというのも霊は時にグループを形成し、ある特定の目的のために協働したりすることがあるのです。

その場合、そのグループの霊たちを支配するような強い力を持った霊が、リーダーとして君臨していることが多いのです。そしてなぜかはわかりませんが、そのリーダーは凶悪な霊たちの中でも特に凶悪な姿をしているとは限りません。子どもの姿や、小動物など、あまり危害を加えないような姿に表象することがよくあります。

もしかしたら除霊する霊能者を油断させるためなのかも知れません。今回はこのパターンではないかと考えたのです。そうであれば、これはかなり厄介な相手になるなと、腹をくってかからないと本人のみならず、セラピストの私にも危害が及ぶ可能性があります。

最終的にこのリーダー格の霊を何とかしなければ、彼女の霊障は解消しないわけですから、この女の子の霊とやり取りするしかないわけです。

やることはしごく簡単で、クライアントと空っぽの椅子、エンプティチェアーを置いてクライアントと、クライアントのイメージの中の女の子（ここでは憑依霊）との対話しか手立てがないのです。

対話をして憑依霊の意図や要求を確認して、可能ならばその要求に応える。助けてほしい、供養してほしい、霊界へ送ってほしいなど。そうでない場合は強制的に排除する、つまり除霊することになります。

そこで、クライアントとその女の子の霊とを向かい合せ、対話させせました。

私　　　　「その女の子は、そこに座ってますね？」

クライアント「はい」

私　　　　「その女の子は、あなたに何と言ってますか？」

クライアントはしばらく無言で、エンプティチェアーを見つめています。するとクライアントは、その女の子にとても親しみを感じると言い出しました。私はそれがどういうことなのか理解できないながら、その状態を維持し続けました。

クライアント「あ…、もしかしたら、この子、私なのかも知れません」

私　　　「この子があなたなんですか？」

クライアント「そうです。多分、私…、私の一部、そんな感じがします」

私はここで、まだこの女の子が如何なるものか、確信はなかったんですけど、クライアントの言うことが事実であれば、統合のワークを行えばはっきりすると判断しました。

これはインナーチャイルドのワークと同じことをするわけで、その女の子をハグして、自分自身に迎え入れるのです。私は彼女にそうするよう指示しました。

するとほんの一瞬で、彼女は「あ、入ってきました。何か暖かい感じがしてきます。とてもいい気分です。いままで胸のあたりにぽっかりと空洞のようなものがあって、それが今、埋まったような感覚です」

それを聞いてこの女の子の正体は、霊障をもたらす霊ではなく、彼女の分離されたインナーチャイルドではないかと判断したのです。実際のところこの統合のワークは一瞬で終わりました。あまりにもあっさりと終わったので、こちらの方が拍子抜けした感じでした。

彼女はセッションを終えて、翌日の講座に受講生としてやってきました。

私　「昨晩はどうですか、よく眠れましたか？」

クライアント　「はい、もうぐっすりです。私こんなに熟睡したの初めてかもしれないぐらい眠れました」

私　「よかったですね。じゃあ結局昨日の女の子、つまりあなたがこれまでどうしても取ることのできなかった、祓うことのできなかったその女の子は、あなた自身だったということですね」

クライアント　「…そうですね。ほんとにそうです。驚きました」

という具合で、その後、このクライアントはぐっすり眠っているそうです。これは、本人も霊能者も霊障と思い込んでしまっているため、いくら霊能者が霊力によってその女の子を祓っても、一時的にはいなくなりますが、元に戻ってきます。なぜなら、それは本来本人の「タマシイ」の一部だったのですから。

その「タマシイ」の一部は分離されて漂ってますから、そこにそれを取り込もうとする「もののけ」といわれる霊たちがやってくる、だから毎晩、奇怪な霊に憑依され金縛りに遭い、うなされるわけです。

人間の命は肉体のレベルでの死からしばらくして、肉体に宿っていた「タマシイ」、霊魂が肉体から抜け出て本当の意味での死になるわけです。その際、肉体と霊魂を繋いでいた霊《たま》の緒《お》、欧米の心霊主義ではシルバーラインといいますが、肉体と霊体をつなぐ細い糸のようなものがあるとされています。

このシルバーラインが完全に切れて、霊体すなわち霊魂が霊界へと移行すると、本当の意味での死となります。本人の「タマシイ」の一部であれば、どんなに遠くへ払っても、いずれ戻ってくるわけです。凧揚げの凧のような状態です。どんなに遠くへ飛んでも、結局もとに戻らざるを得ないのです。だからいくら除霊しても、その女の子は離れないし取れないということになります。

この例のように仮に霊が見えても、すべて除霊出来るものではありません。その理由はその見えているものが霊ではなく、違う何かであるからです。

今まで述べてきたことでご理解を頂けると思うのですが、心理療法と霊的憑依と言われるものには、グレーゾーンのような、どちらとも決められないものもあるということなのです。

心理療法家、セラピストは、クライアントの問題をあくまでも心の問題、即ちその個人の無意識レベルと意識レベルの葛藤と捉えています。反対に霊能の世界にある人は、見える、聞こえる、感じるという限りにおいて、それは外在する霊的存在のなせる業として判断します。

ここには大きな前提が横たわっているわけです。つまり白か黒かという大前提です。

セラピストならこれは全て心の問題で、最終的には本人にその問題があって、外在的に影響を与える霊的存在には思いが至らないのです。

その逆に霊能の世界、除霊や祈祷に身を置く人はその問題が個人の心の問題から来るものという認識はあまりないようです。

仮にあったとしても、依頼者が除霊を望んでいて、自分自身もそれが仕事のようなものですから、心の問題とわかったとしても他にやりようがないわけです。

しかし、クライアントにしてみれば、どちらが本当か？なんていうことは、そもそも始めからわからないわけです。だからミスマッチングが起こる余地があるわけなんです。霊障なのにセラピーに来て、逆に心の問題なのに除霊に行く、というミスマッチングです。

この勘違いをしている限り、状況は改善されません。これは私が除霊の体験もあり、心理療法も行なっているからわかってきたことです。ここが大きなポイントです。

「心理療法の向こう側」というのは、憑依現象を扱うということですが、逆に憑依現象の向こう側もあって、それは心理療法で扱う方が有効な問題だということです。

何度も述べたようにグレーゾンともいうものがあって、どちらとも取れないし、どちらでもあるということです。心理療法でいったん癒されたと思ったら、また調子が悪くなって再度セッションを受けたら、憑依されていたことがわかるというものです。またその逆も同じようにあります。

心理療法と霊的憑依の問題は時として非常に密接に絡んでいます。私はこれまでの知見と経験から、依頼されたクライアントの問題にはどちらも存在するという前提で仕事をしています。

無論、心理療法だけで済むならそれにこしたことはありません。

おそらく多くのクライアントはそれでいいと思いますし、セラピストもあまり霊的なものを意識しすぎない方がよいかも知れません。事例として挙げたインナーチャイルドの例は比較的簡単な処置で解決しましたが、中にはかなり難しいものもあります。

セラピストの方はこんな事例もあるんだなあ、という程度にしておいてください。しかし、もしそんな場面に出くわしたならば、この本が少しは役に立つのではないかとと思います。

それでは次章からは霊的憑依について事例を踏まえて、心理療法の向こう側に踏み込んでいきたいと思います。

第三章　霊的憑依

霊的憑依について

霊的憑依は、霊的存在（エンティティ）が、人間に取り憑き、時にはその人間に特別な能力をもたらしたり、反対に体調不良や、事故、時には病気、多くは精神疾患などの状態をもたらすことです。

この本では霊的憑依はほとんどネガティブな憑依として「霊障《れいしょう》」ということで話をすすめていきます。

もちろん人間を超えた霊的存在、神や仏、龍神や守護霊等は存在しますし、それらの憑依というものもあります。しかしその場合は、そういう存在に守られているということですから、心配する必要もないし、本人にネガティブな現象が起こることはほぼありません。

ただ稀に神的存在からの召命《しょうめい》によって、その人が神のため、あるいは神と共に霊的な仕事を通して、他者を救済するような神業《しんぎょう》につく場合、本人の霊的浄化のためにネガティブな憑依とおなじような現象が起こることもあります。

沖縄にはユタと言われる霊能者がいますが、このユタになる人たちも始めは病気や、精神疾患等に苦しんで、次第に自分の状態を受け入れて、召命に応じるようになると、ユタとしての霊能力を使いこなせるようになっていき、心身の不調は治まります。それまでの段階はある意味試練の期間であり、「カンダーリー」といわれる心身の不調が続くとされます。

前章でも述べたように心理療法において、この霊的憑依は特殊な事例ではありません。むしろかなりの頻度で起こっているものと考えていいでしょう。

ただ、心理療法家やヒーラーが、そのことを念頭に置いていないため、たとえ霊的憑依であっても見抜くことができないか、そもそもそういう想定がないため、不定愁訴（原因のよくわからない苦しさ）か、本人の妄想として扱われることが通常です。

霊的憑依は憑依している存在が、人間の霊体なのか、人間以外のものなのか、という大きな区分があります。それが人間の霊であるならば、死んだ人間の霊、死霊《しりょう》なのか、生きている人間の霊、生霊《いきりょう》なのかという区別もあります。

実際の憑霊現象ではこれらの区分の他にも複合的に絡まった現象も多くあります。

例えばある人に生霊が憑依していたとします。その生霊は、生きている人間の恨みや怒りの念が人格化した霊体で、恨む相手に憑依しているのですが、この生霊の精気《せいき》を吸精《きゅうせい》しようとして「もののけ」の霊が生霊に取り付いていることがあります。

また、死霊や生霊が憑依していることによって霊道《れいどう》（霊の通路）が出来てしまい、そこに他の霊が入り込んでポルターガイスト現象（物音がなったり、物体が動いたりする）が起こったりするのです。

霊的憑依は様々な種類や形態があり、一概にこれはこういうものだとは、なかなか判断しにくいものです。ただその憑依がいかなる存在の憑依であるにせよ、憑依されている本人にとっては程度の差はあってもネガティブな影響がでてきます。

精神的な落ち込み、原因不明の病気、頻発する事故、不運、時には命を落とすことすらあるわけですから、歓迎すべきことではありません。心理療法のセッション中に憑依があるとわかれば、それを除去するにこしたことはないわけです。この章ではこういった様々な霊的憑依の実際について、実例を交えながら説明していきます。

なぜ霊的憑依が起こるのか

人間の霊の場合と人間以外の霊の場合ではその目的に違いがありますので、それを分けて考える必要があります。

人間の霊は大まかには、死霊と生霊の二区分があります。

平安時代に怨霊の祟りが関心を集めていた頃は、人間の霊もそれ以外の霊も「もののけ」と呼んでいました。漢字にすると「物の気」、「物の怪」、「物の化」となります。

本来は「もの」という言葉は霊的な存在を表す意味として使われていたようで、人間の生霊や死霊も広い意味では全て「もののけ」ということでした。ただ本書では人間の霊以外の霊という意味で「もののけ」という表現にしています。


「もののけ」というのは、動物の霊、狐や狸、狼など、妖精、妖怪、樹霊、天狗、鬼神等など多種多様に存在するものの総称として「もののけ」という意味です。

動物の霊は、死後その動物が属する種の群魂《ぐんこん》、グループ魂とも呼ばれるものに統合されていくとされます。動物は人間とはちがって個性化が充分ではないため、死後はほぼこの群魂に回収されていくのですが、一部の動物は人間に憑依することがあります。

それは、人間に可愛がられていたペットが多いようです。人間のそばで人間の「タマシイ」の影響を受けて、その動物のタマシイは質、量ともに増え良質なものとなります。より知性的になり人間との間に出来た絆に執着することがあります。

そのせいで死んでもなお、自分の主人の側から離れない動物の霊もあります。また人間の側もペットを人間以上に愛《いと》おしんでいることもあって、知らないうちにペットの動物の霊をこの世に引き留めてしまいます。

この場合は飼い主である人間が、愛するペットの死を受け入れて、それなりの供養をしてやれば、動物は動物の霊界へと導かれていくのです。

動物の霊は死ぬまでは、人間と同じように肉体をもって生きていたわけですが、いわゆる「もののけ」という類のものは霊界でしか存在しないものだと考えていいでしょう。

霊界といっても完全に現実世界と切り離された世界ではなく、現実界と霊界の中間に位置するような八衢《やちまた》といわれる霊界に潜んでいます。

憑依現象を起こす「もののけ」の霊の多くは低級な霊的存在です。低級というのは霊体としてのエネルギーが粗く、存続のために別の霊体のエネルギーを必要とするのです。知性はありますが、自身の欲求を満たすためにだけ使われるので、利他的ではなく、より子どもっぽく、より動物的な発想になります。

「もののけ」は種類も多く、妖怪、鬼や魔物、あるいはキツネ、ヘビ、タヌキと呼ばれるように動物の姿をしたものから、龍や天狗といった神のような力を発揮するものまであります。

これらの「もののけ」の類の霊体は、人間の持つ生体エネルギーのようなもの、いわゆる「精気《せいき》」を吸精《きゅうせい》するために憑依します。

まれには人間に対する怨念から、特定の家系に祟り続けたりする場合もあります。祟り続けるということは、憑依し続けることですから、結果的には祟る相手から吸精しています。それが一つの家族なら、吸精しやすい気線の合う誰かから吸精することになります。

「もののけ」の憑依の目的は吸精ですが、人間の霊の場合は少し事情が違ってきます。

人霊の場合は吸精というよりは、救済を求めて縁のある人についたり、たまたま霊体と生きている人間の波長（霊学では気線という）、この気線が合って結果的に憑依してしまうので、意図的に吸精しようということでありません。
次に人霊の憑依と「もののけ」の憑依についてそれぞれ別に説明していきます。

○人霊の場合

人間は死んで魂《こん》は霊界へ赴き、魄《はく》はしばらくこの世に留まり、やがて消滅します。しかし、この世への執着が強い場合、魄のエネルギーが強く、なかなか消滅せずに残り続けることがあります。時には魄体《はくたい》に魂《こん》が取り込まれたような場合もあるようです。

するともともと人間としての意識や記憶が残っていますから、自分は生きている、存在し続けていると思うようになります。そうなると人間ならだれしも、生きていくために必要なことをします。つまり自分の生命を存続させるために、食事をしたりしてエネルギーを補充するわけです。

死んだ人が子孫や縁者に供養をされると、その供養された食事や供え物をその死者が食べることが出来るという思想はインド、中国、日本その他のアジア地域には広く見られます。もし死者のタマシイが供養を受けられなかったら、食事をとれないことになるので、飢えて苦しむことになります。

仏教では死者は「プドガラ」と呼ばれます。訳すと香食《こうじき》という意味です。
死者は生きている人間と同じものを、同じように食べることができないので、お香の煙を食べるとされていました。
そこから供えられた供物が、お香の煙と一緒に死者のもとに届いて、死者はその供物を受け取り、食べることが出来ると信じられてきました。今でも仏教ではお香を焚くことは大切で、死者のみならず仏様への供養にもお香は欠かせないものになっています。

今、述べた霊界で苦しんでいる先祖霊の場合は、人間に憑依しているというより、血のつながった子孫に感応しているという方がいいかもしれません。なぜなら彼らは基本は霊界にいるわけですから、直接子孫に憑依するわけではありません。

お互いの気線というもの、性格や気質、先祖ならば血筋という目に見えない経路のようなものを通じ感応しているわけです。

気線がつながるというのは、我々が、携帯の端末のＷｉｆｉや、インターネットで特定のプログラムに繋がることとして理解すればいいかも知れません。

霊界と我々の物質世界は境界があって、それを超えることは幽律で禁止されています。生きているものは、死者の世界に行けませんし、反対に死者が生きている現実世界に来ることも原則として禁止されています。ただ気線が通じている場合は、憑依現象に似たようなことが起こります。

霊界でも低層の獄界という処にいる霊は、刑罰的な苦しみにあったり、飢えや渇きに苦しんでいたり、同じような作業を延々と繰り返す状況にあることがほとんどです。この獄界にいる先祖霊が、自分の子孫を頼って、少しでも獄界の苦しみから逃れようとすがってくるということがあります。

その獄界にいる先祖の霊と気線があった人は、運気が落ちて病気がちになったり、仕事や人間関係が上手くいかなくなったり、マイナスな現象が頻発し苦しむことがあります。

先にも述べましたが、霊体が人間に憑依する目的の大半は人間の精気、感情や欲望などから発散するエネルギー、あるいはそのエッセンスのようなもの、時には供養された食事などの精気をエネルギー源にするための「吸精《きゅうせい》」です。

先祖霊の縋りつきは、憑依している人間の精気を直接吸精するのではなく、意図せずに結果的に吸精してしまうことになります。それは救済を求めての縋りつきですから、ある種限定的な憑依ということができますね。

先祖霊ではなく地縛霊や浮遊霊などの霊体が憑依した場合は、より密接度合の高い、直接的な憑依になりますから、一時的でもかなり心身の不調がおこります。どちらも吸精目的ではないのですが、すがられた人の運気や体力が落ちることから、結果的には吸精されているとも言えます。

地縛霊や浮遊霊に憑依されても通常は、しばらくするとその憑依霊はその人から離れていくことが多いようです。霊体というものは、それぞれ独自のエネルギーを持つ知的な存在ですが、肉体を離れた霊体は波長（気線）、この気線が合うあるいは合わないということが重要で、波長の合うもの同士で一つの霊界をつくることがあります。

私たちもよく「気が合わない」とか「波長があわない」という言い方をしますが、肉体を持つ我々の場合、例えその人と「気が合わない」、「波長が合わない」といっても、どうしてもその人との関係が必要であれば、居心地が悪かろうがそこに居る必要があります。

肉体のない霊体では、気線が合わなければそこにいつまでもいることはできないわけです。

ある人が憑依されたとして、たまたま落ち込んでいて、死んでしまいたいというまで思い詰めていたとしましょう。そうするとその人の思い、気線につながる霊体がその人に憑依します。

しかしその後、回復し元気で陽気な性格になると、落ち込んでいたときに憑依した霊体は、絶望の感情の塊《かたまり》のようなものですから、憑依していても気線が合いません。そこに居続けることは困難になるのです。結果として憑依していられなくなって離れていくのです。


先祖霊の縋りつきには、供養が必要になってきます。それは供えられた食事や供物の精気をエネルギー源にし、子孫の神仏に対する祈りを恩寵《おんちょう》として受け取りたいからです。

仏教の経典にも、霊界にいる故人（亡くなった人）のために、現世で食事を供えると、その食事が霊界に現われて、故人はそれを食べることが出来るとあります。霊界の低い階層ではこの世と同じような飢渇の悩みがあるようです。

この供養には単に品物を供えるだけではなく、この世にいる人が亡者の冥福を心から祈ることが重要です。祈りが天に通じて神仏が獄界にいる亡者を救済してくれます、これが恩寵です。

仏教では「感応道交《かんのうどうこう》」という言葉を使いますが、気線が合えば通じ合って、行き来できたりもするわけです。すると生きている人間に影響が出てくるということになります。

すがりついてくる場合とは異なり、人霊でよくあるのは、その人霊自体が生きている人間の肉体に憑依している自覚がない場合です。

亡くなった人の霊が、自分の子孫の身体に入り込んでいることを知らないままに、体の一部に入り込んでいたり。特定の場所に留まっていたりもします。この場合、その霊は生前に人間は死んだら無になるとか、土に還るとかいうような思想をもっていることがあります。

つまり死後の世界を認識できないのです。ただ真っ暗な世界、そうゆう空間にポツンと一人居続けています。自覚もあるかないかわからないような状態で、眠っているようなそうでないような、いわば冬眠状態のようなものです。

自殺した人の霊などは、自殺した場所に居続けていることが多いようです。この場合を地縛霊とも呼んでいます。中には自殺した瞬間の行動を反復的に繰り返している場合もあります。

よく魔の踏み切とか、魔の交差点というようなところで同じような事故や、自殺がくり返される原因の一つに、その場所に存在する地縛霊の影響があります。

たまたまそこを通りかかった人が、自殺した人の霊に気線があって、フト死にたくなることがあります。実際、その生きている人が自殺をしようとしていたら、気線が同じ状態ですから、その場にいる自殺霊に憑依されて、そのまま自殺してしまうこともあり得ます。

そんなことがくり返される場所では霊界が作られてしまい、たびたび同じような事件がくり返されるのです。

その場合、自殺者の霊は自分が死んでいるという認識を持っていないことが多々あります。それで霊界にいっても、自殺に至る行動をある時点から繰り返し続けています。

そのフィールドに同じような気線をもった人が足を踏み入れると、無意識的に共感し、同一化現象がおこるのです。その結果、本人も自分をコントロールできない状態になり、突発的な行動を起こしてしまうのです。

人霊の場合「もののけ」と違って、なぜ憑依が起こるのか？という問いに答えるのは簡単ではありません、なぜならその霊体によって様々な事情や欲求があったりして、時にはまったく無自覚的に憑依が起こることさえあります。

では次に人霊の中でも確信的な意図を持った憑依について実例とともに説明していきます。それは人霊の憑依の中でも最も霊障が激しい怨念霊です。

○怨念霊の事例

実際に怨念霊に憑依されていて、長年苦しんでこられたクライアントの例を借りて説明していきます。

このクライアントさんは、自分に霊的なものが憑依しているという自覚はありませんでした。あくまでも自分が抱える問題の解決のために来られました。

徳田弘明さん四十七歳（仮名）は、大手企業を退職した後、コンサルタント業をされ、それなりに経営も順調にいっています。

彼は物心ついたころから、よく霊的現象に悩まされ他の家族には見えないものが見えるという状態でした。仮に見たものを家族に言うと、家族からはおかしなことを言う子だとされて、いつしか誰にもそのことを話さなくなったそうです。

大学卒業後、名の通った大手企業に勤めて、多忙な日々を送っていました。そうして働いている間は、自分が霊感が強くて苦しんだことなどは、もう遠い過去の記憶でしかなくなっていました。

やがて結婚するのですが、子どもに恵まれないままに離婚し、離婚後には命に係わる大病を二度体験し、仕事を止め、自分のペースで仕事が出来る経営コンサルタントになられました。独立後は比較的、仕事も順調にいったのですが、そんな頃、子どもの時以上に不思議なものが見えだしたそうです

それはコンサルティングをしているクライアントに不幸が続いたり、例えば倒産して、経営の失敗を苦にして死亡する光景が見えたりする等、まるで映画の予告編のようなイメージが見えるようになりました。

しかしこれは彼の空想だけでは終わらず、ほとんどの場合、見たとおりになっていったそうです。そのことに悩まれていて、縁あって私の所にやってこられました。

彼は自分が幼少の頃から人には見えないものが見えたことで、随分と苦労をしたことを話してくれました。またこの数か月間で、何度か自殺しようとしたことも正直に打ち明けてくれました。

この時、私には弘明さんが単に自分の霊能力のせいで、様々な困難に遭遇しているのではないような気がしてきたのです。複数の霊的な体験の中には明らかに悪意ある霊現象が散見されました。

その一つが、異なる場所で何度か階段から落ちて、そのたびにかなりの怪我をしていることでした。弘明さんによれば、足が滑るというより、階段の最上階から一段下に足を出そうとすると何かに突き倒されるような感じがして、あっというまに転落してしまう、そして転倒する瞬間にいつも黒い服を着て、顔を大きな帽子で隠すようにかぶった女性が見え、その女性の顔はわからないけれども、口もとが笑っているように見える、ということでした。

一度だけの体験なら、運悪く凶悪な「もののけ」か、または悪意をもった地縛霊がいる場所で、たまたま気線があったためにそんなアクシデントに遭ったともいえます。彼には霊視力、霊能力があるので、気線がつながりやすいからです。

このようなことが過去から何度もあったとすると、たまたまではなく、弘明さんをターゲットとして狙っている可能性の方が高くなります。そこでこれは悪意ある憑依霊ではないかと推測して、そうであればその意図を探る必要があると判断したのです。

そこでエンプティーチェアーの技法で、彼が何度か目撃しているその黒い服の女を向かい側のエンプティチェアーに座らせて対話させようとしました。

最初のうちは、戸惑ってうまく情報が引き出せませんでしたが、慣れるにつれ、彼の持前《もちまえ》の霊視力によって様々なことを見たり聞けたりするようになっていきました。

彼は次第に一つの映像を捉えだしました。

時代は特定できないものの、和装でそれなりの身なりをした女性とそのお供の男性が二名、急いだ様子で峠道にさしかかったところで、数名の暴漢の様なものに襲われ、その三名とも虐殺されるという映像が繰り返し見えるというのです。そのうちの女性は辱められたあげくの虐殺でした。

この映像はいったい誰のことなのかを確認すると、どうもその黒い服の女性のことだというのが次第にわかってきました。そこで弘明さんに、エンプティチェアーに座り直してもらい、その黒い服の女性に成りきってみてくださいと指示を出しました。

弘明さんはどちらかというと、人格が完全に変わるタイプではなく、そこに居るであろう存在と心の中で対話するタイプでしたから、誘導によるイメージワークと同じですから扱いやすいセッションでした。

そこでその黒い女性は何を言いたいのか？何と言っているのかを聞いてもらうと、「根絶やしにしてやる」という声が聞こえますとのことでした。

ここで私は、弘明さんの問題の奥にあるものは、この「根絶やしにしてやる」と言っている存在であると判断しました。つまり黒い服の女性は、映像で見えた殺された女性の霊で、怨念霊となって弘明さんに憑依しているのです。それもかなり昔から憑依しているので、彼の家系をずっと祟り続けていたのでしょう。

弘明さんによれば、肉親で生きているのは姉一人だけで、彼女も女性特有の病気で子どもが生めなくなっているそうです。そして最近では、ほとんど音信不通の状態でもあるとのことでした。

怨念霊というのは死ぬときの強い想念を持ったまま、特定の家系を祟り続けます。死ぬ時に誓いを立てるわけです。よくあるのは「末代まで呪ってやる」とか「お前の子孫を悉く呪い殺してやる」というような感じです。この例もこのタイプで、強い想念とともに、弘明さんに憑依していたのです。

怨念霊だと判断した、つまり審神《さにわ》ができたので早速、説得に取り掛かりました。説得することはこの場合とても大切です。説得によって怨念霊が呪い続けるのを止めてもらうのです。納得しないかぎり怨念霊は呪いつづけます。

この説得の際に最も重要なのは、受容的な態度で、共感的に話し合うことです。まずは怨念霊に対して共感する言葉を投げかけます。

私「まことに、苦しゅうござったのう。さぞや無念でござろう。あのような酷い仕打ちによって命を奪われたのじゃから、死して後も自らを手に掛けた者を恨むだけでは済まず、その者の子々孫々に至るまで、根絶やしにせんとの思い、誠に、誠に、そう思うことも無理のないことでございますなあ」

相手の怨念霊は、何世代も前の人ですから、ここでは少し時代劇のような言い方をしています。カウンセリングやセラピーの世界では、ペーシング（同調）といって相手の使う言葉や価値観、信念にこちらが合わせていくことが大切で、それによって相手がこちらを信頼しやすくなるという理由です。もう一つの理由は私自身がその世界に没入出来るからでもあります。

いかなる交渉も、話し合いも最終的に妥結するには相互の信頼関係が必要です。カウンセリング、セラピーはもちろんのこと、霊との対話にもそれは必要だと思っています。ただ私の言いまわしは多少芝居がかってますが…。

このように説得して、次には幽律《ゆうりつ》、つまり霊界の法則について話をします。

第一には人間は死ねば皆、霊界にいかねばならないこと。

第二には生きている人間に取りつくことは罪であること。

さらにこのままこの家系の者を根絶やしにすれば、その瞬間、憑依対象を失い、最も厳しい地獄に落ちること。この地獄に落ちれば極限の苦しみを受けて、場合によっては「魂消《たまけ》し」もあるということです。

「魂消し」とは、魂を消滅させることですが、これは私達人間を含め万物を創造された神々にしかできないことだとされます。神がその魂をもはや存続させるべきではないと判断された時に行われるとされる極刑です。

存続させるべきでない事由とは、この例のように罪業を重ね続けることしかできない状態となったり、決して許されない神の定めた神律《しんりつ》を犯した時とされています。この神律は、霊界の幽律《ゆうりつ》より厳しい掟になります。例えて言うなら神律が憲法で、幽律が法律ということになるでしょう。

刑罰地獄に収容されて、責め苦を受けた後に魂消しが行われるとされます。この時、あまりの苦しみから自ら消滅することを願うとも言われるほどの苦しみが与えられるそうです。

もう少し具体的に言うと、魂は私達人間の輪廻転生の体験のエッセンスが埋め込まれたものであり、情報を記憶しているメモリーでもあります。このメモリーが初期化されてしまうことが魂消しであって、これまでの情報を全て失うことになります。

人間の死は肉体を脱ぎ捨てタマシイの存在になり、現実界から霊界へと移行することですから、魂消しではありません。タマシイにとっての本当の意味での死はこの魂消しなのです。

怨念霊の場合は確信犯ではありますが、自分の怨念の強さに引きずられているため、冷静に判断ができない、いわば興奮状態のままです。ですからゆっくり淳淳《じゅんじゅん》と説いて聞かせていきます。彼らにとってもこの魂消しは恐怖を感じることなのです。ただそればかり力説すると逆に切れて、反対に腹をくくってしまいかねません。

大切なのが「因果の法則」というものです。これはわかりやすいテーマで、善いことをすれば善い結果があり、悪いことをすれば悪いことがあるという因果応報を話すことです。

次に心に響くのが、親や先祖の霊が心配しているという内容の話です。

怨念霊といえども、もとは人間として生きていたわけです。理不尽なことをされる側ですから、もともとは善人タイプの人が多いのです。ですからここも相手の心情に訴えかけるように話すと、表情や態度が変化しだします。つまり話を聞こうとし始めるのです。

そして、最後には幽律違反に対しての減刑処置があることを話します。

それはこの機会に改心すれば減刑されるというものです。ただこれは神仙界の上位の神が裁可することですから、裁可出来る神々、基本は創造神レベルの神々に私も充分にお願いします。

このように怨念霊に対して丁寧に対話を進めながら、怨念霊が自ら悟り、これまでの行為を振り返り反省して改心するように説得することを「言向け和す《ことむけやわす》」といいます。

これは「古事記」に出てくる言葉のようです。

原文は「悉言向和平山河荒神及不伏人等」で、書き下すと「山河の荒《あら》ぶる神　およびまつろはぬ人等を　悉く言向け和す」となります。

神であろうと人であろうと、祟っていたり、反抗していたりしたとしても言葉でもって、平和的に問題を解決していきましょう、ということですね。これは霊的憑依に対処する最も大切なところです。

話を戻して、この怨念霊の場合は、この減刑の話と仏を信じれば救済されることを説明したことによって態度が豹変しました。

クライアントの弘明さんは人格が変容して、唸るような声で「誠か…、誠か…」と問い直しだしました。

私「誠でござるぞ、誠でござる。日の本は新たな天子さまが、御位《みくらい》におつきなされました故、この世もあの世も必ずや恩赦がなされます故に、今が改心の時、この時を逃してはなりませぬぞ」

すると弘明さんは、うつむきながら少し首を横に振りだしたんです。どうしたのかと思っていると、救われるのかどうか不安があるようでした。これはある意味いい方向です。怨念霊が自分のしてきたことを振り返りだした訳です。すると霊は瞬間的に悟りますから、自分自身が地獄にいくこと、先祖や親に合わす顔がないなどの人間らしい感覚が湧いてきている証拠です。それを見て念仏を唱えるように促しました。上手く唱えられないので、私の口真似をさせながら何度か念仏を唱えさせました。すると顔の表情が少し穏やかになり、小声で

「救われるのか…？救われるのか？」

と聞いてきました。

私「大丈夫、心配はござらん。み仏は念仏を申した者を必ず救うとの誓いをお持ち故、差し込んでまいった光に心を向けられよ。そうその光…、見えるであろう」

弘明さん無言でうなずく。

私「そうじゃ、それがみ仏の救いのみ光。その光に身を委ねなされ、全てを忘れてその光の中に入るのじゃ、そしてこれまで呪ってきたこの人を許してあげなされ、さすればそなたも許されますぞ。許すと一言いうてやりなされ、さあ…、さあ…」

弘明さん「…ゆ、るす」

私（大きな声で）「うん。よう言うた。そなたも許す」

そして天の数歌と警蹕によってこの怨念霊を霊界へと送りました。

一通り終わると弘明さんは我に返って、驚きとともに「これまで胸のあたりにつかえていたものが、スッキリ無くなったような感じです。こんなに軽やかな気持ちになったことは初めてで、救われた気持ちで一杯です」そういって何度も感謝してくれました。

○生霊《いきりょう》について

生霊とは生きている人間の強い思いが、人格化して他者に憑依する現象のことです。この生霊は憑依現象の中でも特に多いもので、心理療法にも影響を与えますし、除霊の際にも他の憑依霊と一体化していることがあります。

生霊は大きく二つに分けられます。

一つは他者から強い念を向けられている場合、もう一つは自分自身が他者に対して強い念を向けている場合です。

生霊が憑依している場合は殆どが前者の場合になりますが、自分自身が出している生霊のせいで、自身の生体エネルギーが枯渇状態になって、うつ症状になるような人も見かけます。

またその生霊の成り立ちにも二つのケースがあります。

第一は、過去のどこかの時点で他者を恨んで、強い念を出し、今現在もその念を持ち続けている状態。これは意識的にも常に恨む相手のことを念じ続けていますから、過去からの時点の期間が長ければ長いほどその生霊は強力になります。

第二は過去のどこかの時点で他者を恨んだが、現在ではもうそのことを忘れて恨んでいない、との二つになります。この点については第三者から生霊を貰っていても、自分が生霊を出していても同じことになります。

感情や強い思い（想念）は、ある種のエネルギーであり、それは時には方向性を持ちベクトルとして作用します。ここではこれらの感情や想念を「念」という言葉で統一して使用します。念はその強さにもよりますが、ある一定のレベルになると人格化します。それは多重人格が生まれるシステムにも似ています。多重人格は解離性障害ともいわれ、人が自分の心を強い分離状態におくことによってから生み出される場合が多いようです。

そもそも解離性障害とは、人が極度のストレス状態にあるときに、その状態に耐えられなくなったときに、自分自身の人格を分離して、あたかもそこにいないような状態を作り出すことから始まります。

よく引き合いに出されるのが、幼少期における性的虐待です。例えば十才にも満たない女の子が、夜ごと自身の父親、あるいはそれに代わる大人によって性行為を強要される状態が続くうちに、その状態を乗り切るために心と体を分離してしまうのです。

分離している間は肉体に何をされていようが、心はそこに無いのでまったくわからない状態になります。肉体としての反応はするのかもしれませんが、少なくとも極度のストレス状態からは解放されています。そして虐待が終われば、加害者はいなくなりますから、分離されていた心は再び肉体に戻ります。その際には自分がされた虐待を忘れてしまいます。これは逃避行動の中の一つで「健忘《けんぼう》」とも呼ばれます。つまり全て忘れてしまうんですね。

この健忘状態になると、自分が虐待されていることも忘れていますから、たとえ父親が自分に虐待をする存在であっても、そのことがなかったかのように振る舞えるようになります。それはおかしいんじゃないかと思われるでしょうが、経済的にも精神的にも自立できていない幼少期の子どもが、生きていくためのサバイバルとしての生き残り戦略としての側面ももっています。

この分離が長期間続くと、分離されていた心の部分が個性を持つ人格となり、本人とは違う人格が作り出されていくのです。それは本人と分離した人格から派生的に増えていくことすらあります。

多重人格は、自分の思いや感情をいわば自分自身の潜在意識に分離抑圧するわけですが、生霊は自分の強い念を具体的な標的に向けて絞り出すわけです。

分離状態は本人の身体から抜け出た状態ですから、そこは原理としては同じです。ただ身体に戻るか戻らないかという点が違ってきます。

○様々な生霊《いきりょう》

生霊はその生霊を受けた人の周囲を、漂うような状態でいたり、身体の一部に憑依したりしていることが多いのですが、時には身体全体に入り込んでいることもあります。

これは私自身の体験です。

ある時セミナーの受講生でかなり霊視力のある方がいて、その方が休憩時間にこっそりやってきて、私の身体の半分ぐらいに重なるように女性がいるのが見えると教えてくれました。もちろんこれは生霊です。

そしてその女性の特徴をいってくれたのですが、私にはすぐ心あたりがある相手でした。私を霊視した方は、まったくその女性とは面識がありませんが、あまりにも適確な描写に驚きました。

霊視をした方は、言うべきかどうか悩んだそうですが、本人も今まで生霊を見てきたけれども、今回のように身体に入り込んでいるような生霊は見たことがないと、私のことを心配して伝えてくれました。

確かにその頃、何をするにも億劫で、気が付けばため息ばかりついていました。

そこで早速セミナーの受講生に事情を話し、コンステレーションを立てて、私自身の代理人と生霊を出している人の代理人を選びました。やむなく私自らファシリテーターとして、生霊を出している女性の代理人に説得をし、また生霊そのものの代理人を立てて言霊による除霊を試みました。

コンステレーションが終わってから、霊視してくれた方に、改めて霊視をしてもらうと、さっきまでは身体の半分ぐらいに食い込んでいた生霊が、小さくなって後ろにいるということでした。完全ではないにしてもかなり重篤な状態からは抜け出たわけです。

この生霊は幸い凶悪化していませんでした。どちらかというと相手に対しての好意の方が強いというのがその理由だと思いますが、身体に入り込むとなるとかなりその念は強いもので、生霊を受けた側にもダメージが出ることは避けられないでしょう。

凶悪化というのは、呪いのレベルまで念が強くなって、呪う側が殺意をもつようになると凶悪化します。

般若の面というのがあって、それは恐ろしい鬼の顔なのですが、ほとんどの場合女性が強い念で相手を呪ったりすると、その生霊は般若の姿になるとされます。般若は能楽のお面にあり、能で般若の面を使った演目があります。

私は実際にそんな姿を見たことはありませんが、昔ある女性から三角関係での悩みを相談を受けた際に、相手の男性と元々交際していた女性からの生霊を受けていると話されました。私はあまりまともに取り合わなかったこともあって、その女性は証拠を見せると言い出しました。上着を脱いで自分の左胸の上にあるやや大きな赤い痣《あざ》を見せました。よく見ると赤い痣が確かに般若の面のように見えました。その頃は霊的憑依には懐疑的でしたので、頼まれたお経をあげてそのセッションは終わりにした記憶があります。

また、生霊は時として人の姿ではなく俗に「長もの」といわれるように長い紐のように見えたり、あるいは蛇の姿に見えたりするそうです。この蛇のような状態になった生霊は人間の手足の関節や、筋肉に巻き付いたりしています。

恥ずかしながらまた、私の体験です。

さきほどの女性の生霊を何とか払った後、右手の肘の関節から手首の方へ3センチぐらい下がったところ、ツボでいうと手の三里と言われるあたりが、突然痛みだしたんです。最初は痛いかな、という程度で、時々感じるぐらいでした。

ところが次第に痛みは増してきて、四六時中痛みを感じるようになり、酷い時は部屋で一人、痛みに耐えかねて声を出すぐらい痛み出しました。まるで手の三里のツボのあたりに穴でも開いているかのような痛みでした。

たまりかねた私は、懇意にしていた霊能者のKさんに霊視を依頼しました。

　このＫさんは、神道系の修養会を主宰されており、古来から伝わる鎮魂帰神の法を伝承されています。その霊視力と同時に審神者としての力量は、私がこれまでお会いした霊能者の中ではずば抜けた方です。

　霊視によると、右腕の肘のあたりに黒い蛇のようなものが何重にも取りついている、ちょうど肘の関節のあたりから頭をもたげてあたりの様子を伺っている、こちらが言霊を使って除霊しようとするとお腹の中に隠れて出てこなくなる、というものでした。

　それとは別に、あるいは同じなのかわからないが、髪の長い女性の姿、おそらく生霊が見えるということでしたが、その特徴に心あたりが無く、少しまえに憑依していた女性の生霊でもないようでした。何とか除霊しようとしましたが、私の腹部、丹田のあたりにすぐに隠れるらしいので出来ませんでした。


　そこでＫさんも困って、共通の知人でもある陰陽師のＦ先生に頼むのがいいだろうと、Ｆ先生に事情を話して除霊できないかと相談しました。

　Ｆ先生にお会いすると、私の右ひじのあたりをじっと睨んで先生の右手でそこから何かつかみ出すような仕草をされて「ちょっとこれ預かって調べます」と言われたんですね。私は「ああ、そうですか…、で、どうしたらいいですか」と尋ねると、今取ったのはサンプルです、これでこの存在がどういうものなのかを審神者してから、除霊の準備をします。ちょうど来週にセミナーがありますから、その時に参加者の前で除霊しましょう、という話になりました。

ちょうど陰陽道のセミナーがあり、そこで除霊、陰陽道式のお祓いの実演です。セミナーが終わった後、三十名ぐらいの前で、私とＦ先生が向き合い、古式での陰陽道の祓いを始めました。もちろん私は受ける側ですから神妙な感じで正座をしていました。するとＦ先生の祝詞が始まり、陰陽師らしい唱えごとと作法に移りだしたころ、私の右手が勝手に動き出しました。まるで手の指五本が何かの生き物のように畳の上をカニのような感じで動きだしました。自分では止められないので、動くままにして様子を見ていると、Ｆ先生の裂ぱくの気合が何度かあって、持っておられる神剣を抜いて何度も切りつける仕草をしているうちに、次第に右手の動きがおさまり動かなくなりました。

最後にＦ先生が憑依体をバラバラにして祓い清めて、この除霊は終わりました。するとあれほど感じていた右ひじの痛みが和らいで、数日後には全く痛みは感じない状態になりました。現在も痛みは全くありません。さすがは陰陽師だなあと感心した体験でした。

私は先生にどうしてセミナーという場で、それも多くの参加者のいる前で除霊をする必要があったのかを聞いたところ、驚きの答えが返ってきました。

私の右ひじに絡みついている邪気を、引き出して神剣で切り刻んだあと、数十メートルほど吹き払うのですが、その時邪気は切り刻まれた状態で、そのあたりを漂うそうです。条件が整えばまた合体したりして元にもどることもあるので、参加者の皆さんに持って帰ってもらうのだということでした。

正直びっくりしました。

「え、持って帰るんですか?」と聞き直すと「なんでも一定量を超えると毒として作用しますよね、こういう邪気も小さく最小の単位にすれば、人間の肉体に吸収されて消えてしまうんですよ」ということでした。私には目から鱗《うろこ》が落ちたような体験でした。

霊的憑依には言霊の威力で比較的簡単に祓える場合と、この例のようになかなか祓えない場合があります。

これらの違いを一言で言えば憑依の侵入度合、「がん」などの病気で使う浸潤《しんじゅん》のレベルの差とも言えます。

第一は肉体の内部というか霊体の内部に深く入り込んでいる憑依、浸潤の度合が深いレベル。第二は肉体の周辺、いわゆるオーラと言われる霊的エネルギー場に憑依している、あるいは浸潤の度合が浅いという違いではないかと思います。後者は比較的簡単に祓えて、前者は困難な状態です。

そしてこの浸潤の度合は、憑依体のエネルギーの強さにも関係しているようです。これは死霊なら怨念霊のような強い恨みの念があるもの、生霊ならば長い時間をかけて恨み続けているもの、「もののけ」の場合でも何らかの理由でその人間に対して強い念を持っている場合などです。

ただ「もののけ」の場合は目的が比較的はっきりしていて、「吸精」することです。またこれらの存在は知性化しており、祓われても一時的にどこかに隠れて、また隙をみて憑依したりすることも多いのです。狡猾に人を騙して憑依を繰り返すようなものも結構いたりします。

それでは次にこの「もののけ」についてお話しをしていきます。

◯「もののけ」の憑依の事例

ある女性のクライアント山村香さん（仮名二十才）の事例。

大学に進学したものの新しい生活になじめず、適応障害を起こし頻繁に痙攣発作を起こすようになり休学していました。

縁あって、私のところで心理療法を学んだセラピストのもとで幼少期のトラウマ治療を始めました。セラピストは催眠誘導での退行療法を試みたのですが、うまくいかなかったそうです。するとその後、彼女は突発的な失語症のように、言葉がほとんど話せない状態に陥ったので、担当したセラピストからの依頼で、私が後を引き受けました。

セッションの始めはほとんど何を言ってるのかわかりません。

「あ…、うう…、え…」といった状態でしたが、次第に内容がわかるようになり、香さんも少しずつまとまりのある話をし出しました。

とは言っても言葉を一つずつ区切ってしか言えないので「わ・た・し・は・・な・か・に・な・

に・か・・」というような感じです。

四十分ぐらい筆談も交えながら話を聴いて、何かの存在が自分を支配していて話せない、という内容だろうかと判断するに至りました。

そこで、エンプティチェアーを使って、その存在と対話させるんですが、何しろ本人は話すのに時間がかかり過ぎますから、本人をその存在のいるエンプティチェアーに座らせて、話すように指示しました。

すると目はうつろになって、人格変容が起こり、本人の声ではおそらく一番低いトーンで、またおかしな昔言葉で話を始めました。

香さん「この者はのう…、寂しがっておるのじゃ。淋しいのじゃ」
私　「そういうあなたは、どこのどなたかな？」
香さん「我は、この者と一緒におる。淋しがっておる」
私　「香さんが淋しいのはわかったが、そなたがなぜそこにおるのか？」
香さん「…小林なる者は（セラピストのこと）、我の存在に気づかなんだ」
といって薄笑いを浮かべる。
私　「そのようですな。しかし、私は気づきましたよ」
香さんはしばらく沈黙が続く……。
私　「こうやって出てきて話してるじゃないですか」

こんなやり取りをしばらく続けました。

最初は多重人格を疑ったのですが、どうもそうではないようでした。この存在は香さんを見つけて助けているのだ、自分は彼女のためにここにいると主張したのです。

この憑依している霊体が言ったように、セラピストが自分の存在に気づいていない、というのが彼らにとっては都合のよいことと思われます。

この例では、私の弟子にあたるセラピストが手に余ったクライアントを私のもとに連れてきたわけですが、通常この霊体が言うように、多くのセラピストは憑依に気づくことはありません。このセラピストは私のもとで研修をしてましたから、何かあるだろうとは気づいていたはずです。だからこそ私のもとに連れてきたのです。

クライアントの中には、自分の症状や問題がもしかして霊的憑依ではないかと思ったとき、セラピストやカウンセラーではなく、霊能者と呼ばれる専門家の門を叩くはずです。

ただし、ここで問題なのは、明らかに霊的憑依であるとわかる事例と、心の問題、つまりセラピーやカウンセリングで改善するような問題の中間に位置するような、いわゆるグレーゾーンが問題になってくるわけです。

霊的憑依が問題として認識されるのは、憑依された人間に不都合な現象が頻出《ひんしゅつ》することから始まります。幻聴が聞こえる、幻覚で、見えないはずの存在が見える、夜に金縛りに遭う、不眠や体調不良、突然の事故や、身内に起こる不幸な出来事も霊的憑依が原因の場合があります。

幻聴や幻覚が続くと、多くの人は精神の異常を疑い、精神科を受診することが通例です。無論この選択が多くの場合は正しい選択だと言えます。もしこの選択で改善できない場合、霊能者を頼ることになります。そこで霊能者による霊視、除霊、祈祷やセッションを通じて霊的憑依を除去する、取り憑いたものを取り除くわけです。

除霊によって、問題が改善すれば、それで一件落着です。しかし時間が経つとまた症状や問題がくり返され、別の霊能者のもとを尋ねたり、あるいは病院に駆け込んだりして、右往左往するようになります。

この場合によくあることとして、霊的憑依の原因に本人の心の問題が大きくかかわっているということです。例えるなら人間には心のしこりのようなものがあって、そのしこりが霊的存在を自分の体内に引き入れているケースが非常に多いのです。

このしこりの正体は、本人のトラウマ、コンプレックス、歪んだ思考、やみがたい願望や欲望、恨みや怒り、またはそれらの混合されたもの、など様々です。これらは通常、表面的にではなく潜在意識的に蓄えられており、本人も気づいていない場合もあります。そうなると例え、憑依した霊を除霊したとしても、本人の心の奥底にあるしこりが、再びその霊か、あるいは別の霊を呼び込んでしまうということになってしまいます。

この場合、医者に頼っても、霊能者に頼っても、症状や問題の解消に至らないケースになってしまいます。

なぜなら、医者も霊能者も心のしこりを扱う専門家ではないからです。

ではセラピストやカウンセラーがよいのかと言えば、「一００％そうです」とは言えません。

心のしこりを解消することはできても、霊的憑依は専門外になるからです。しかし心のしこりが霊的憑依の主たる原因であるとするならば、その心のしこりを解消することが出来れば、結果的に霊的憑依も解消される可能性がでてきます。ここに心理療法の強みがあります。

さて、この例でお話しした山村香さんがどうなったかの続きを話します。

香さんに憑依している霊体とのやり取りが三十分ほど続いたところで、この霊体の正体を見極める必要が出てきました。先祖霊なのか、人間の霊体なのかそうでないのか、救済するべきか、それとも祓うべきなのか、というのがポイントです。

話の内容から、どうも人間の霊体ではないような気がします。それもあまりレベルの高くない、どこかの神の眷属、それもかなり下位の存在、またはそこから抜け出したような存在ではないか？というように仮説を立てました。

このような低次の霊体は知性のようなものはあるけれど、ちょっと間の抜けたような単純なところがあるものです。そこで何かしっぽを掴むチャンスはないものかと、話の内容に「うんうん」と頷きながら聴いていると、こんなことを言いました。

香さん「わしものう、この者を守らねばならんから、もともといた場所をはなれて長らく帰っておらんのじゃ。この者も淋しいが、わしも淋しいんじゃあ」

私「なるほど。さぞやお淋しいんでしょうな」

香さん「そうじゃあ、淋しいんじゃ、話相手もおらん、誰とも話ができんし。最近はカエルとも話ができんし、淋しいんじゃ…」

とこう言ったのです。

ここで「カエル」という言葉です。「カエル」はおそらく両生類のあの蛙のことですね。
そこですかさず

私　「カエル？今カエルって言ったね。うーん、じゃあ、カエルと話が出来るんなら、あんたは人間ではなくて、カエルの親玉みたいな蝦蟇《がま》かなんかだな」

香さん「ちがう。蝦蟇などではない、わしは人間じゃあ」

私　「いや、カエルと話が出来るなら、やっぱり蝦蟇だ。蝦蟇でなければ、蛇かオロチか？」

香さん（語気を強めて）「ちがう、ちがう、そんなものではない」

私　「では蝦蟇ではないのだな」

香さん「蝦蟇ではない」

私　「蝦蟇ではない…、それはわかった。では人間ではないな」

香さん「人間ではない」

わかりますか？私はここで引っ掛けました。
単純なくり返しをしているうちに私の誘導に乗って、人間ではないことを白状してしまったわけです。低次の「もののけ」にはちょっとこういう間抜けなところがあります。
実際のところこの霊体が蝦蟇なのかどうか、本当のところはわかりません。しかし少なくとも香さんに憑依して、彼女の症状の要因になっている低次な霊体は除霊するのが基本なので、すぐさま除霊に取り掛かりました。
除霊のための真言や般若心経をあげると嫌がったので、不動尊の金縛《かなしば》りの術で、霊を縛る

霊縛《れいばく》を掛けました、すると余計に暴れようとするので、とっさに降三世明王《こうさんぜみょうおう》の印を結んで、その真言を称えると

「何をする。やめろ…、やめろ…なんでじゃあ、何で出ていかねばならんのじゃあ…、この者が呼んだのじゃあ…、やめろ…」

と叫び出しました。

霊縛が効いたのでしばらく真言をあげ続け、憑依霊がうなり声のようなものを挙げて、「…や…め…ろ…」と言って反応しなくなった所で警蹕《けいひつ》を使って送霊し、除霊を終えました。

香さんはしばらく意識がなかったのですが、声をかけると目覚めてくれました。これまでの内容は覚えていないようで、話しかけると、やはりたどたどしい話し方しかできませんでした。香さんの場合は人格が変わるとその間はほとんど何も覚えていないタイプです。もう一つは内容を覚えているし、自分が何を言ってるかもその時点でわかるが、出てくる言葉を自分でコントロールできないタイプ。

イメージが見えて、あるいは聞こえていて、クライアントが憑依体とセラピストの間の通訳のような状態になるパターンと大きく三つあります。

香さんは主訴の失語症はすぐにはよくなりませんでしたが、担当したセラピストによれば二週間ほどして元のように話せるようになり、大学の授業にも出られるようになったと報告をうけました。

セラピストの小林君によれば、現在は大学も卒業し、アルバイトをしながら、月に一回程度カウンセリングしながら、ご自身のペースで過ごしているそうです。

この香さんに憑依していた霊的存在は、いわゆる「もののけ」の霊であり、どこから来たのか、その本当の正体はわかりませんでした。ただ彼らの目的は「吸精」にありますから、出来るだけ早く香さんの身体から除霊すべきなのです。

次に別の女性の例です。

彼女もまた霊媒体質、つまり憑依されやすいタイプの方で、自宅をはじめ、旅行先のホテルや旅館でもほぼ毎日のように金縛りに遭うという人でした。

彼女の体験の中で特に興味深いのは、就寝中に真っ黒な影だけの人たちに取り囲まれて、針を刺されるというのです。この時彼女は体に針のようなものが刺されている痛感を感じるといいます。金縛りで動けないながらも、針の痛感があるので、目を凝らして見ると、病院の点滴の様にチューブが付いている。その管から液体のようなものが吸い上げられていくのを見たそうです。

黒い影の中の一人が他の黒い影のような存在に「こういうものは、生かさぬように殺さぬようにだ」と言い聞かすような声が聞こえたのです。そのうち意識が遠のいて、気がつくと朝になっていました。起きようとしてもなかなか起き上がれない状態で、マラソンでもした後のように疲れていて、身体がだるくてどうしようもなかったそうです。

そういったことが続くので、引っ越ししてその現象は無くなったそうですが、これも正体はわかりませんが、確実に彼女の精気を吸精しに来ていますよね。

このように「もののけ」は多様な姿形をとって、私達の見えない領域から常に吸精のチャンスを伺っています。たまたま気線があったりすると知らない間に憑依されてしまうこともよくあることです。

低級な「もののけ」や力の弱い「もののけ」であれば、時間の経過とともにいなくなったり、神社仏閣に参拝した際に祓われてしまうこともあります。しかし凶悪化した「もののけ」は時には憑依されたその人の命さえ脅かしかねません。

通常の場合、吸精を目的とする「もののけ」にとって、憑依している人間は自分達の存続のためのエネルギー源でもありますから、むやみに取り殺すということはしないものです。憑依する人間が死ねば、自分達の大切なエネルギー源が失われるからです。先ほどの例でもあったように「生かさぬよう殺さぬよう」にすることが彼らのやり方です。

しかし、吸精のレベルも「もののけ」によって違っており、人間の肉体、魂魄《こんぱく》を含むその全てを食いつくそうとするものも存在しています。これらの「もののけ」は人を食う鬼や龍として昔話によく出てくる存在です。

霊界、現実界を通じて幽律によって、たとえ「もののけ」であっても人間の命を奪うことは許されませんから、それが発覚した場合は霊学では幽界の退妖官と言われる部署から、討伐隊が派遣され成敗され、最悪の場合は「魂消し」の刑に処せられるそうです。

　このことは、陰陽師のＦ先生からも聞いたことがあります。さらに先生からは太古の昔から、陰陽師の先祖にあたる特殊な霊能力のある人達が、物質化した「もののけ」を討伐するために働いていたのだということを伺いました。

　これはアニメーショの世界で有名な「鬼滅の刃」と似たような話です。
　先生の話では、かつて実際に物質化した「もののけ」は多くいたそうです。しかし討伐されたりして時代とともに消えていき、現在では見ることは無くなったそうですが、生き延びた「もののけ」は出来るだけ幽律に抵触しない形で吸精を試みます。
　これらの生き残りのような「もののけ」は霊体となって、巧妙に人から人に憑依を続けながら、時には宿主《しゅくしゅ》となった人を自殺に追い込んで、その精気を魂魄《こんぱく》ごと吸いつくす恐ろしい「もののけ」もいます。自殺に追い込むのは直接手を下さないためです。
　上ページのイラストはあるクライアントに憑依して

いた「もののけ」です。

　霊能のある方が霊視した姿をスケッチにしてくれました。

　この「もののけ」は相当長く存在し続けていたものらしく、陰陽師のＦ先生にお聞きすると「山姫」という妖怪が千年近く生きた場合になる姿だそうです。先生も「私も先祖からの伝承ではこのような妖怪が居ることは聞いていましたが、実際に見たというか、存在していたというのを聞いたのは始めてです」と言われました。

　この「もののけ」はあるクライアントのコンステレーションのワークの際に明るみに出た存在です。霊視した方によると、髪の毛が波のようにうねりながら、グループワークをしている会場全体を覆っていたそうです。髪の隙間から無数の人骨や動物の骨のようなものが見えたといいます。

　この「もののけ」に憑依されていたクライアントの家系では、なぜか五年ごとに家族の誰かが統合失調症になり、結果的に自殺していました。実際にそのクライアントもかなりの落ち込みと、引きこもりでどうにもならない状態でした。

　本人に確認すると家族はほとんど亡くなっていて、同居していた家族では自分だけが生き残っている、ただ早くに家を出て東京で暮らす兄だけが仕事も家庭も順調にいっているとのことでした。

　このクライアントは、自分の問題が、幼少期のトラウマ体験にあるのではないかと思い心理療法を受けられたのですが、上手くいかず、たまたま私の弟子のセラピストの紹介で来られました。

何度もセッションを重ねるうちに、霊的憑依が明るみにさらされたのです。そしてこの事態が明るみにでたその時も、ちょうど家族が亡くなって五年目にあたる年だったのです。

これは命に係わるかも知れないと判断し、コンステレーションを通して働きかけました。この「もののけ」の代理人になってくれたのは私の弟子の一人でしたが、感度がいい人だったので、まさにこの「もののけ」がそこに居るかのような反応で、場も「もののけ」のエネルギーに支配されたような感じになりました。

この時、この「もののけ」は祓うことが出来ないと判断したので、「産霊の掟《うぶたまのおきて》」（第六章に詳細を記載）を使うかを思案したのですが、少しそれには抵抗がありました。それで一か八か直接勝負をかけることにしました。勝負というのは調伏《ちょうぶく》するという意味です。

「もののけ」、妖怪の類は、人間や他の霊的存在に調伏されると、その相手の軍門に下り、配下となります。調伏のためには真言や祝詞、九字を切ったりするのですが、この時は昔ある霊能者から授かった秘儀を試しました。

残念ながらこの秘儀は口外してはいけない約束で授かったので、ここでは公開できませんが、内心では不安でした。なぜなら、もし調伏できなかったらクライアントの命も、また私の命も危ないかもしれなかったからです。

幸いその秘儀がうまくいったので、「もののけ」は一瞬動きを止めて、まるで石のようになり動かなくなりました。調伏ができた証拠だと判断しました。配下に降った「もののけ」はこれまでのようにクライアントを取り殺すことは出来なくなります。

「もののけ」の中には人間を騙して憑依するものも多くいます。イナリ霊、魔物の類がそれです。力の弱いものならば、その正体を見破っただけでも離れていきます。調伏されればなおの事こちらのいうことに従わねばなりません。

コンステレーションは何とかうまくいったので、その後そのクライアントは随分楽になったようでした。数年たった今も元気にしています。


ではその「もののけ」はどうなったのか？

数名の霊能者から聞いたんですが、しばらくは私の周囲や、会場となったお寺の境内にいたそうで、姿もおどろおどろしいものではなく、白い着物を着た髪の長い女性の姿になっていたようです。

実際私も夢か現実かわからない状態の時にそのような姿を見ましたが、顔はやはり恐ろしげでした。しかし危害を加えるというような殺気のようなものはありませんでした。

他の「もののけ」より格段に力のある存在ですから、一応鬼神《きじん》として祀ることにして、それにふさわしい名前を贈りました。これを封神の義《ほうしんのぎ》ともいいます。

これは私がその存在を神にするというのではありません。神のように扱うので、そのように振る舞うように指令しているわけです。「産霊の掟」と原理は同じです。

その後しばらくして、別の霊能者を通じて、その「もののけ」からの伝言として、今はある霊山にある社《やしろ》の神の眷属として取り立てられたので、ここを去ってそちらの方に行きたいという内容の霊示がありました。

無論引き取める理由はありませんので、そちらに往く事を許可しました。これは私に調伏されているため、私の配下という立場になり、私に許可を求めてきたわけです。律儀なんですね、彼らは。

こうして、山姫という「もののけ」が年を経て成った妖魔《ようま》は、何とか改心して、神の眷属としての生き方を選んだようです。

本当の事は私にはわからないのですが、クライアントが助かったことと、その妖魔が人間を取り殺すことは今後無くなったわけですので、充分な成果ではないかと思っています。

○複合的憑依

これは複数の憑依が重なっている場合のことです。

生霊、死霊、もののけ、という三つがすべて一人の人間にあるというのもよくあることです。先ほど述べた私自身の生霊《いきりょう》体験なんかも、この複合的憑依にあたります。また憑依というものは人間にだけあるのではなく、時には場所そのものにも憑依があります。

多くの複合的な霊障の根っこには生霊が存在していることが多いものです。

これも随分昔に、知人から除霊の依頼を受けた話です。

それは個人経営のある病院での霊的現象の多発を何とかしてほしいというものでした。

その病院はそれほど大きな規模ではないのですが、昼夜を問わず物音がなったり、突然押し車が動き出したり、また感のするどい患者さんや看護師さんは、よく小さい子どもがうろついているのが見えたりするといいます。突然音がするラップ現象、物体が動いたり、霊感の強い看護士や入院患者さんが金縛りにあったり、いわゆるポルターガイスト現象で困っていました。

院長の説明を聞いた後、看護士さんに連れられて入院用の病室に案内されました。その病室がポルターガイスト現象の最も多い部屋ということでした。看護士さんは私を案内すると、足早に病室を出ていきました。

一人残された私は、誰もいなくなった病室で除霊のための祝詞、般若心経、真言を何度も繰り返し唱え続けました。およそ三十分ほどするとトランス状態になり、日頃は見えないようなイメージが浮かびあがってきたのです。

そのイメージは、遠くの山のような所から、灰色の雲か煙のようなものが沸き上がり、次第に大きくなり、中央のあたりが盛り上がり竜巻のような状態になって、私の方に近づいてきます。やがて盛り上がった雲のてっぺんから、能面のような無表情な顔だけが浮かびあがり、ずっとこちらを見ているというものでした。

直観的にこれは生霊だと判断したので、生霊に対する対応として、生霊を言向け和すための説得や、祝詞、真言を唱え続けました。しばらくそうしていると生霊が小さくなっていき、その姿は見えなくなったので、霊を祓うための警蹕《けいひつ》を唱えて終わりました。

除霊の後、関係者数名と除霊中の体験をシェアし生霊の話をした途端に、私を紹介してくれた知人にすぐに話を打ち切られました。

後で話を聞いたところ、その病院は父親の後を継いだ息子の院長と、その母親との間で病院の経営をめぐるトラブルがあり、親子間で係争していたそうです。結果的にその母親はストーカー行為に及んで、その母親に対し裁判所から、半径数メートル立ち入ってはいけない命令が出ているということでした。

これで私は、イメージで見た生霊の正体がわかったわけです。その正体は母親ですね。この生霊が入り込んでいたので、そこに霊道が生まれ、様々な霊体がそこから入り込んで、ポルターガイスト現象を引き起こしていたのです。

院長曰く「何度、霊能者やお坊さんにお祓いをしてもらっても、一向に改善しないんですよ」とのことでした。一旦その場から離れたとしても、生霊ですから、生霊を出している本人が生きている限りまた戻ってきます。ここが生霊の厄介なところです。

恨みや怒りを完全に忘れていれば、祓うとそれで終わるのですが、生霊を出している本人が、恨みや怒りを手放して改心しないかぎりいくら祓っても戻ってきます。

おそらくこの病院も、私の除霊によって一時的に改善はしたでしょうが、時間が経てば元のようなポルターガイスト現象が起こるはずです。残念ながらその後の経過については何も知らされることは無かったので何ともいえません。

◯合霊化現象

霊体同士が結びついて一体となり新たな霊的存在になっているのが合霊化です。
合霊化にはいくつかのパターンがありますが、どうして合霊化するかというのを最も簡単に言えば、強くて大きな霊体が、より弱くて小さな霊体を取り込むことで起る現象とされます。つまり捕食されるということです。

霊的憑依の目的は吸精であることは何度も述べてきましたが、これは生きている我々人間、時には動物に憑依する場合です。

この捕食というのは霊体同士の間でおこる現象になります。

例えば人間が死んで、その魄体が自分の記憶がうすれた状態で中有霊界を彷徨っていると、「もののけ」の霊体がそれを捕食してしまうことがあります。

捕食した側も捕食された側も変化して、新たな「もののけ」になってしまうというものです。次から次と捕食したり、されたりしながら膨張していき、やがて膨張に耐えられなくなった風船がはじけ飛ぶように崩壊し、バラバラの霊体に戻ってしまいます。これは陰陽道の先生から聞いたことですが、私自身はこんな現象をまだ見聞していません。

ただ「もののけ」の多くが、自身以外の霊体を捕食したがることは確かです。なぜならそれは吸精と同じように、自身の存在を維持するために欠かせない活動だからです。

私もコンステレーションで、この捕食を思わせる場面に何度か遭遇しています。

あるコンステレーションで、そのクライアントは人間関係と家族の度重なる不運で苦しんでいました。

コンステレーションを立ててわかったことが、その本人には凶悪ではないが、生霊が憑依していることと、実家にあった稲荷の社を壊したことによる祟り現象が明るみに出てきました。

その祟っているイナリ霊の代理人が、そのクライアントに憑依していた生霊を見て楽しそうにその周囲をうろついていたので、理由を聞くと「おいしそう」という答えが返ってきました。

つまりこれは生霊をイナリ霊が捕食しようとしている状態だということです。捕食するものと捕食されるものに力の差が歴然としている場合は、捕食された方の霊はほぼ消滅するらしいのですが、捕食したものも、捕食する前とは違う霊的存在になるとされます。

これも何人かのクライアントの例であったのですが、その人に祟り続けている大きな蛇の霊や、龍のような霊的存在を祓っても、人間の霊が残ることがよくありました。

何回かこのようなパターンに遭遇してわかったことですが、多くの人間の怨念が集合して一つの霊的存在になっていて、それが人間の姿ではなく大蛇の姿になっているというものでした。

この場合の怨念霊は複数の人間の霊体が合体したもので、これは捕食とは違う様です。なぜ合体しているのかというと、一族がまとめて殺されたりしていて、その中心人物を中心にその時に殺戮された人間たちが同じ相手の子孫に祟り続けるうちに、人間としての心を失い、執念の権化である蛇の姿に変わったものなのです。

ですから霊視出来るクライアントにその蛇の鱗《うろこ》をよく見るように言うと、鱗の一つ一つに人の顔が見えたりします。祓いによって蛇の姿を維持できなくなって、いったんバラバラになります。それで祓う方としては終わったと思うのですが、クライアントの方が何かスッキリしない、まだ終っていない感じがするようです。

イナリの霊で凶悪な場合にも、イナリの姿の奥に人間の霊がいたり、蛇やイナリや何かの邪気のようなものが一体になって、黒いゴムかヘドロの塊のようになっている場合もあります。

これらの情報は私の霊視ではなく、クライアントが霊視した情報からわかったもので、このような訳の分からない妖怪というか「もののけ」は数えきれないほど存在しています。

ただし、これらの霊的存在が生きている人間に憑依するかどうかは、個々の事情により違うので「もののけ」が全て吸精のために憑依してくるとは言い切れません。

◯一体化する憑依

合霊化は霊体が別の霊体と合体したり、捕食されたり、吸収されたりすることで起こる現象と考えますが、これらとは違う合霊化現象があります。

これはある霊体が人間の霊体に侵入して、その人間の霊体と一体となっているような例です。

左の写真を見てください。

この写真はある男性の写真ですが、奥さんが旦那さんを自宅で撮ったものです。これは人間の男性の写真です。よく見ると顔のあたりの像がブレています。これはいわゆるシェイプシフト現象と言われるものです。

この写真を撮ったご夫妻は驚いて、何か良くないものが写り込んだので何とかしてほしいと依頼してきました。

私も最初はそうだろうと思いましたが、何がどうなってるのかわからないので、数人の霊能のある者にこれを送って意見を求めました。鑑定してもらったのですが、今一つはっきりしないというか、あまりよくわからないというのが結局のところでした。

仕方がないので、生霊と「もののけ」の合霊化現象であろうと判断して、コンステレーションで働きかけを行ないました。このコンステレーションは随分長い時間かかりました。本人からの情報を聴き取るだけでも一時間以上でした。

一時間以上経過したところで、少しクライアントの男性に変化が起こりだしました。話し方が随分ゆっくりになって、内容が意味不明になっていきました。

私はトランスに入ったんだろうと思っていましたが、次第に声を荒げて「うるさい、黙れ」と言ったかと思えば、消え入るような声で「殺してしまう…」と言い出しました。

すると参加者の中で二人の霊能のある女性が、クライアントの顔に骸骨、それも金色の骸骨が重なって見えると言い出しました。

もちろん彼女らはあの写真のことを知りません。

その瞬間クライアントは彼女たちを睨みつけました。この時私はあの写真の正体がわかったような気がしたんです、私の審神《さにわ》ですね。

この金色の骸骨は太古に存在していた金人《こんじん》と呼ばれる半神半人のような存在で、その一部は凶悪化して今でいうところの鬼のような存在になり、人間を捕食していました。進撃の巨人というアニメがありますが、あの話に少し似ています。

仏教でも夜叉《やしゃ》という人間を襲っては喰らう恐ろしい存在が居ますが、これも凶悪化した金人のことだろうと思います。

仏典ではお釈迦さまが、この夜叉たちを教え諭して、人間に害をなさない存在にして、反対に仏教や人間を守護する存在に変えていく話がたくさんあります。

先の陰陽師のＦ先生も古い時代の伝承では、実際に存在していた鬼を、特殊な能力を持つ陰陽師が討伐していたそうで、その頃は鬼と言われる存在は人間と同じように肉体を持っていたということらしいです。昔話にある鬼退治は、実際にあったんですね。

この鬼というか金人は、おそらく霊体のみとなって鬼狩りから逃れてきたのではないか、人から人へと憑依を繰り返してきたのだろうと思います。

するとこのクライアントはその鬼の宿主のようなもので、おそらくこのクライアントが生存している間、その人の霊体に一体化してその命脈を保ち続けているのです。そしてその人が無くなればまた別の人間へと憑依する、この場合は侵入といっていいですね。

今の宿主の関係者、ほとんどは子孫の誰かに侵入し、一体化していくものだと思われます。

この場合はこれまでの憑依と違い、宿主となっている人間には害を与えるようなことはしません、なぜならば彼らは鬼狩りから身を隠し、かつその命脈を保つために宿主に影響が出ない範囲でおそらく吸精しているのでしょう。

コンステレーションではクライアント本人と、その奥さんの代理人を出してみたのですが、二人を向かい合わせに布置したとたん、奥さんの代理人は両手を刀のようにして間合いを詰めようとしますし、クライアント本人の代理人はその間合いを詰めさせまいと間を取ります。まるで侍《さむらい》の果し合いの映画シーンのように、無言で間を取り合い続けました。

奥さんもそれまでに何度か個人セッションを受けて貰っていました。それで彼女の過去生療法の際に、彼女の過去生が鬼狩りであることがわかっていました。この時まさにそれが符号したのです。

彼女の過去生はおそらく陰陽師の鬼狩りで、実際には今世も鬼を追い続けているようなものです。つまり夫の中に侵入している鬼を狩ろうとしているのです。

私はこのテーマは簡単に祓ったり、鎮めたり出来る内容ではないと判断したので、このテーマ自体を終らせることにしました。つまり鬼狩りを終らせることです。ですから侵入している鬼を封殺することにしました。

これは霊体をばらばらにして封印するというもので、霊体に作用する霊的な刀をイメージして鬼を切り刻むというか、手足胴体をそれぞれ別の器に入れて呪力でもって封印するのです。封印なので鬼は死んだり、消滅するということではありません。

参加者の中から感度のいい人を択んで、この侵入している鬼の代理を頼み、出来る限り動かないように指示して、封印の作業に入りました。時間はかかりましたが、何とか封印できました。最後の封印が終わって、私はこの封印が一万年続くという呪いを掛けました。すると代理人はうずくまりながら私に向かって、「一万年後を覚えておれよ…」といいながら動かなくなったのです。

なぜ一万年後と言ったのか私もわかりませんでした。つい口から出てしまったんですね。それにしてもその言葉に対して「一万年後を覚えておれよ」というのは、ある意味さすがは鬼、金人なんだなあ、と感心してしまいました。まあ一万年後のことはどうなるのかわかりませんけれど。

○凶霊化現象

凶霊化現象とは、霊体が凶悪なものに変化することです。

人霊ならば恨みを持って死んだ霊はやがて怨念霊となって恨む相手や、その子孫を呪い続けますし、神の眷属や稲荷の社のように神によって派遣されて、そこを守護する霊も、祠や社を壊されたりすると壊した人を含めてその家族や子孫に祟り続けます。

古い井戸や、樹齢一００年以上も経った樹木などにもタマシイが宿り、それを壊したり切ったりすればそこに宿るタマシイは祟り霊となって祟ります。先に述べた山姫の例や、私の生霊の体験なども、凶霊化現象の一つです。

凶霊化は複合憑依や合霊化などと合わせてよく起こる現象です。

複合的憑依や合霊化した霊は凶霊化しているものと考えていいと思います。

複合的憑依の中には魔物が潜んでいて、それが後ろで糸を引いていたりします。例えば魔王がいてその手下の小悪魔がいるようなものです。このような場合はうまく除霊ができないことが多く、憑依している霊体は力がなくてもなかなか引き下がらないのです。何やかやと理由を付けてその人の元を離れようとしません。

そういう場合は、コンステレーションで後ろにいる親玉の代理人を布置すると、否応なしに代理人を通して話し合いができます。

私がそれをやると、代理人の口から「こんな所に呼び出しやがって…」とか「そっちのやり方はずるいぞ」とよく言ってきます。

ただこの親玉というか魔王というのかわかりませんが、そういう存在はかなり知性が高くて、こちらの言うことに簡単には従いません。

よくあるのはクライアントと契約を交わしたのだから、立ち去《さ》ることはできないという主張です。代理人になる人が知性的であればあるほど、弁舌が冴えて此方《こちら》がタジタジになることもしばしばです。

でも言いなりになるわけにはいきませんから、無理やり契約の破棄を宣言して、結界を張ってその魔物を退去させます。

ある時のコンステレーションでこれを行なった時、魔物の代理人が大学の先生だったこともあって、理路整然とした論理を展開して主張の正統性を主張し、かつ私のやり方がいかに強引で理に適っていないかを延々と述べだしました。それで一向に埒が明かないので、最後は無理やり結界の外側に追い出しました。

終ってから、その時参加していた二十人ほどの参加者は、冷静に聴いていると私の主張より魔物の主張の方が、筋が通っているように思うと口をそろえて言ってました。私もそうかも知れないとは薄々感じてはいましたけれども。

霊的憑依には「言向け和す」ことが第一とは言いますが、相手によってはなかなか難しいこともあります。ある意味神の権威を背景に強制的に排除するしか方法がない場合もあります。それはその霊体が凶悪で、知性的（ずるがしこい）であればあるほど必要になってきます。大祓いの言葉にある「神問わしに問わし給い、神祓いに祓い給う」ということです。

霊的憑依について大まかな説明はできたかと思います。

実際にはもっと複雑なものもたくさんありますし、今まで出会えていないような霊的憑依もあると思います。ただこれまで述べてきた内容でおおよその範囲は網羅されたのではないでしょうか。

人霊と「もののけ」、死霊と生霊、合霊化や一体化、魔界の霊体、神仏の眷属による祟り、これら様々な現象が絡んだ複合的憑依など、初めてこの情報に触れた方にはなかなか理解しにくい部分もあったかと思います。できれば他の章とも合わせてじっくり読んでいただければ理解が深まります。

またこの本ではあまり触れていない魔界の霊とのバトルのようなこともよくありました。特に日本だけでなく欧米を中心として見られるサタンと呼ばれる一群の霊による憑依現象です。

さらには人間の過去生からの縁のもつれや、神仏と人、神仏と魔物、人と魔物というように様々な関係性のもつれのようなものさえあります。

これらの内容はいずれ時期が来た時には公開していきたいと思っています。

第四章　霊魂について

霊魂について

心理療法において、セラピストやカウウセラーが、クライアントの心の奥の深層にあるコンプレックスやトラウマに気づき、適切に働きかけることは、クライアントの症状改善、問題解決のためには必要なことであり、そのセッションを有益なものにします。

そしてさらに、その心の深層にリンクするように連鎖する霊的憑依にも関心をもつことも重要なことです。

なぜならば目の前に起きている現象の奥にある原因は一つだけとは限りません。トラウマ、抑圧、分離をはじめとする心理的要因にプラスして、霊的憑依もその要因の一つとして認識しておく必要があります。

しかしセラピストやカウンセラーが霊的存在や、霊魂、霊界について何も知らないのでは話になりませんし、たとえそれが霊的憑依だとしてもどう対処していいかわかりません。

ですからこの章では霊魂というものについて、この程度は知っておいた方がいいというレベルで話を進めていきます。

霊魂《れいこん》、いわゆるタマシイとはどのようなものなのか、また霊界とはどういう仕組みになっているのかといことを説明していきます。

無論ここで説明する霊魂観や霊界の諸相の説明が正しくて、他が間違いだということでは毛頭ありません。あくまでも筆者がこれまでの学習や体験から得たものですから、個人的な主観も多く含まれています。

ただこの本を書いた目的でもある、セラピストが心理療法を施す際に遭遇するかも知れない霊的憑依を処理する上で、ある程度知っていればよいと思われるようなことがらに範囲をしぼったつもりです。

○霊魂（タマシイ）とは

霊魂《れいこん》とは何か？

これはシンプルですが、未だに明確な答えがないテーマの一つです。この本では霊魂をタマシイというカタカナで表現するようにしています。

この本でも霊《れい》と言ったり、魂《こん》と言ったりしていますが、両者はその性質上かなり違うものなのです。霊魂という形でひとまとめにすると霊と魂の違いが分かりにくくなりますし、混乱しやすいので、タマシイという表現は霊魂を意味するものだと思ってください。また、霊魂観とか霊魂論という表現の場合の霊魂は「れいこん」と読むようにしていきます。魂を読み下す場合は「たましい」とひらがなで表現して、区別していきますので、読者の皆さんには混乱がないように読み進めてください。

霊魂観《れいこん》については、明治以降に盛んになった霊学の考えをベースに説明していきます。

霊学は本田親徳《ちかあつ》（1822―1899）という神道系霊学者が提唱したものとされています。

江戸時代後半、本田は薩摩藩士の家に生まれました。

長じて学者を志《こころざ》し京都に遊学します。縁を得て江戸において、尊王攘夷派《そんのうじょういは》の水戸藩士会沢正志斎《あいざわせいしさい》のもとで国学を学びます。

しかし本田が京都にいた頃に、きつね憑きの少女との出会いがきっかけとなり、幽界《ゆうかい》（あの世のこと）、霊界について興味を持ちます。霊学では通常霊界のことを幽界といい、この現実の世界を顕界といいます。この本では霊界、幽界とも、どちらの呼び方も使用していきますが、意味するところは同じものと理解してください。

さて、本田はたまたま遭遇した霊現象をきっかけに、幽界研究にのめり込みます。

当時、幽界の研究の第一人者でもあった平田篤胤の影響を受けるようになり、本田はやがてその生涯を幽界《ゆうかい》の研究、鎮魂帰神《ちんこんきしん》の実践にその人生を捧げることになるのでした。

本田が体系化した霊魂観は後に本田霊学と言われるようになります。

それは、これまでにはなかった、一霊四魂《いちれいしこん》と霊的憑依、審神《さにわ》（神や霊の真偽の見分けかた）のあり方や心得などを体系化していき、それを鎮魂帰神法と呼び平田篤胤にはなかったより実践的な霊学として脚光をあびるようになりました。

インターネットより転載
鎮魂帰神

本田親徳

本田が提唱した霊学はその後、多くの神道系霊学者のバックボーンとなっていきます。

本田の高弟であった長沢雄楯《かつたて》のもとで、研鑽《けんさん》を積んだ人物に上田喜三郎がいます。上田喜三郎は、長沢のもとで研鑽を積んで霊学者、霊能者として活動していきました。

彼はやがて京都の綾部に本部を置く大本（当時は大本教）、この大本教の開祖である出口なおの娘、すみの娘婿となり、出口王仁三郎と名乗り大本教の教祖になり、大正、昭和にかけて大きな影響力をもつ大教団になっていきました。

この大本にも鎮魂法があります。

随分昔に大本教の体験研修会に参加したことがあります。

その時は亀岡の本部（大本には綾部と亀岡の二つの本部がある）で一泊二日でしたが、早朝に本部を出て、教祖の王仁三郎が鎮魂法を修行した、亀岡近郊の高熊山の岩窟で、体験的に鎮魂法をさせて頂いた記憶があります。

その時は霊学についても、本田親徳《ちかあつ》についても無知でしたが、今思えば手の印《いん》の組み方などは本田霊学がいう鎮魂帰神の法とほぼ同じであったと思います。この大本から分派した教団は多くあり、その多くが間接的にせよ、本田霊学の影響を少なからず受けているように思えます。

本田霊学とは違う系統に宮地水位という人物がいます。

水位は本田と時を同じくする時代に、四国の潮《うしお》神社の神官の家に生まれ、神官としての勤めを果たしながら、類《たぐい》まれな霊能力を駆使して、幽界、霊界の事情や、さらに奥にある神仙界の事情に通じ、「異境備忘録」に代表される著書では人間の死後の生活の有様や実情などを貴重な情報として残してくれています。

本田霊学とともに宮地水位の残した著作からも、私自身の霊魂観や幽界の仕組みについての考えは多大な恩恵を受けています。

また、これらの霊学とは違い、日本に古来からある霊学というべきものもあります。それは現在では陰陽道と呼ばれる表現でなじみがあるものです。

陰陽道といえば安倍晴明《あべのせいめい》が有名ですし、人によっては、安倍晴明が陰陽道を作ったぐらいに思っているかも知れません。

しかしそれは違っていて、安倍晴明は膨大な知識と霊的スキルの集大成である陰陽道の伝承者の一人にしか過ぎないのです。

私はご縁があって、現代に生きる陰陽道の伝承者であるＦ先生に陰陽道の知識とスキルを学ばせて頂く好機を得ることができました。

先生が伝承する陰陽道は、播磨陰陽道と言われるもので、安倍晴明より以前から存在する日本でも最古の陰陽道だということです。

先生によれば、そもそも陰陽道という名前も古代にはないもので、ある時代からそう呼ばれるようになったとのことでした。この道は霊能のある特定の家系の者が代々一子相伝で伝承してきたもので、これまで伝承者以外には明かされることのなかった、膨大な知識体系と実践スキルの宝庫なのです。

ではこの一子相伝をどうして学ぶことができたのかというと、これも相伝の一つで、伝承者から見て、実子または伝承者として相応しい人間が見つからないとき、伝承者は人数を限定せず見込みのある者に伝えても良いということになっています。

おかげで様々な霊的憑依に対する対処法や、古来から伝わる霊的知識の口伝《くでん》（文書にない伝承）を親しく授けて頂きました。

霊魂についてはこの播磨陰陽道、本田霊学、宮地霊学から魂魄《こんぱく》二魂論、一霊一魂《いちれいいちこん》論、一霊《いちれい》四魂《しこん》論などの考えを受け継ぎながらも、欧米に源《みなもと》を発する心霊主義の霊魂論、心理療法の一つである前世療法での霊魂観、輪廻転生観もあわせ、またこれまでの体験から得た知識を交えながら説明していきます。

この本で霊学とか霊学的にという言い方を多くしていますが、その言葉にはこれらの知識体系が基本となっています。

まず基本は、古来より受け継がれている考えで、霊魂を魂魄《こんぱく》という表現で理解します。これは魂《こん》と魄《はく》がそれぞれ違う働きのものであるという考えです。

人間は肉体の死に際して、魂魄《こんぱく》はその肉体から抜け出ます。そのうち魂《こん》の方は、天界という霊界に帰還し、魄《はく》の方は地上に留まったり、あるいは黄泉《よみ》の世界（死後の世界）に往くという思想です。この考え方をベースにしながら、一霊一魂、一霊四魂説について説明していきます。

◯一霊一魂説《いちれいいちこんせつ》

これは一つの霊に一つの魂《こん》がセットになって、人間の霊魂、タマシイになっているという考えです。ただし、魂《こん》については魂魄《こんぱく》の二つを合わせて一魂《いちこん》としているので、厳密に言えば一霊と魂《こん》、魄《はく》の二魂《にこん》ですから一霊二魂《いちれいにこん》説のほうがわかりやすいかも知れませんが、ここでは一霊一魂説として説明していきます。

まず始めに霊について説明します。霊とはスピリッツとか、人間の本源、タマシイの核であるとか、また幽霊、何かはっきりとはわからないが、そこに存在するもの＝エンティティ（霊体）というような言い方もされます。

霊学では人間のタマシイの核に当たる部分を霊という言い方で表現します。人間が神の分《ぶん》魂《こん》であることの最も大切なところは、この霊、霊学では直霊《なおひ》といいます。この直霊《なおひ》が魂魄《こんぱく》に埋め込まれている、または刻印されているからだとされます。

生きとし生けるものすべてにも魂魄《こんぱく》があるとされるのですが、この直霊《なおひ》を持つものは人間だけだとされます。まさに万物の霊長は人間であるというのは、霊学的に的《まと》を得た表現なのです。

では魂《こん》=「たましい」はどうかというと、霊と同じように人間がその肉体を離れた死後も存続するものと見なされています。

よく『この作品はタマシイがこもっていないからだめだ』という言い方を耳にしまが、この場合のタマシイは、こころとか、情熱、真摯《しんし》さ、真心《まごころ》というようなニュアンスで使われている例だと思われます。

四谷怪談で有名なお岩の言葉に『魂魄《こんぱく》ここにとどまりて、恨《うら》み晴らさでおくべきか』というのがあります。これは肉体が無くなった後も強い怨念《おんねん》とともに魂魄《こんぱく》両方ともこの地上に残るということです。魄《はく》が地上にとどまることはわかりますが、魂《こん》までもが一緒というのです。人間の強い想念や、生前の悪業が重すぎると、魂《こん》と魄《はく》が分離できなくなり、魄体《はくたい》に魂が取り込まれた状態で、地上に残り続けることもあります。

霊学的には魂魄が地上に留まることは稀です。ただ強い念があったり、生前の深いカルマ、例えば大きな犯罪や、日本なら天皇陛下に対して大逆を犯すなどの場合は、充分な浄化、カルマの清算のために魂魄が共に地獄に留まり、刑罰的な霊界で膨大な時間を過ごしてからようやく許されて転生するのです。

○霊魂論《れいこん》について

霊魂、タマシイについては、死後霊界へ行く魂《こん》と、地上、霊界にとどまる魄《はく》の二つがあるのだと大まかに考えればいいと思います。

というのは、心理療法の中でも、過去生回帰療法などの場合は、この考え方を理解し利用することがセラピスト側には都合がよいことが多いのです。

前世療法とも言われる過去生回帰療法では、過去世で自身が体験したことが、突然の死であったり、何らかの強い執着を残しているような場合、タマシイの一部が具体的なその場所に留まっているという考え方があります。

これはタマシイの一部、タマシイのかけらのようなものがそこにあると考えます。そこで過去世のことを想起して、その体験をもう一度再体験することによって、そのタマシイの一部、即ちタマシイのかけらを取り戻す、統合することが出来ると考えています。

過去世療法をしていると、このようなパターンに出会うことは実に多くあります。クライアントの多くは、セッションが終わると、これまでどこかポカンと穴があいていた部分、多くは胸の中心部のあたりが埋まったような感じがするという感想を述べられます。

そして、これまで気になっていたことがらに対する執着が手放せるようになったり、感じることができなかった暖かさや、温もりの感情や感覚を取り戻せたという方も多いです。これも、魂魄《こんぱく》二魂《こん》の観点からすれば、魂《こん》は生まれ変わって、魄《はく》は地上に留まるという考えと対応します。

○一霊四魂《いちれいしこん》

先にも述べたように霊魂は霊と魂とに分かれています。

霊は直霊《なおひ》、本霊《ほんれい》、太霊《たいれい》、とも言います。魂《たましい》は先ほどの魂《こん》と魄《はく》に分けますが、働き方から荒《あら》魂《みたま》、和魂《にぎみたま》、幸魂《さきみたま》、奇魂《くしみたま》という４種類に分ける考え方があります。

霊を直霊《なおひ》、魂《たましい》を荒魂、和魂、幸魂、奇魂の４つに分けて一つの霊魂というように考えるのを、一霊四魂説《いちれいしこん》といいます。

この説は古来からのものなのかわかりませんが、先に述べた本田親徳の霊学では重要な霊魂観です。これはタマシイを機能の上から四種に分類する考え方でもあります。

一霊《いちれい》とは直霊《なおひ》と呼ばれ、四つの魂《たましい》を統合する機能を持ち、形なく色なく、人間が万物の霊長である根本でもあると考えられます。霊学では人を霊止《ひと》とも書きます。これは人間が神なる存在と同じ一霊《いちれい》、即ち直霊《なおひ》を持つ存在ということを表したものとされます。ですから霊(ヒ)が、そこに（肉体）に止まったものだからヒト＝霊止＝人と言うのだとします。人間以外の生物にも魂《こん》、たましいは与えられていますが、この直霊《なおひ》を与えられているのは人間だけであると考えます。

四魂《しこん》は一つのタマシイの四つの働き、機能として理解します。

荒魂《あらみたま》は、人間の性質上の特徴としての「勇」の働きとされます。人間が努力して物事を成し遂げたり、勇気をもって何かに挑んだりする状態のことで、全て積極的に進もうとする活動を言います。

「国のため家のためにと身を砕《くだ》き力尽くすぞ荒魂《あらみたま》なる」（本田が荒魂について詠んだ歌）

和魂《にぎみたま》は、物を物たらしめ、和して平らかに、また親しむ魂《たましい》の働きです。荒魂《あらみたま》が「勇」ならば、この和魂《にぎみたま》は「親」ということになります。親睦、親子の絆、親しむとは仲睦まじく、和合した姿です。家庭の団欒というのもこの和魂の働きになります。

「君親《くんしん》も夫婦《めおと》兄弟《はらから》も子も友も親魂《むつたま》合いて立つべき道ぞ」

「親《むつ》まじき心ぞ人のこころなる踏みな迷いそ和《にぎ》の和道《にぎみち》」（本田が和魂について詠んだ歌）

幸魂《さきみたま》は、愛、益するという働き、愛を詳しく言えば造、生、化、育となります。端的に言えば子を思う親の心とでもいうものです。愛する我が子を育み、我が子を利するように計らうのが親の本質というものです。これは幸魂《さきみたま》の働きそのものと言えます。

「子を思う親のこころは天地《あめつち》の自然《おのずから》なる幸魂《さきみたま》なり」（本田が幸魂について詠んだ歌）

さらにこの幸魂は、個人レベルからより大きなレベルへと発展していきます。博愛とか、愛国とかいうレベルです。

「家を身も顧みなくて国のため尽くすこころぞ幸魂《さきみたま》なる」（本田が幸魂について詠んだ歌）

奇魂《くしみたま》は智恵の働きです。過去現在未来を通して世界の実相を察し、覚る働きとされます。世にいう悟りと言うものも、この奇魂の働きになります。

例えば、列車に乗ろうとしたら、なぜかどうしても嫌な気がして乗らずにいたら、その列車が脱線事故を起こした。というような場合の、この嫌な予感もある種、奇魂の働きですし、物理学者が長年の研究の末に、何かのきっかけで閃きが起こり、新たな法則を発見するというのも奇魂の働きと言えます。

「前の世も即今《ただいま》の世も後の世も覚《さとる》は厳《いず》の奇魂《くしみたま》ぞも」（本田が奇魂について詠んだ歌）

以上が簡単な一霊四魂の説明になります。

この四魂は最初にも述べたように、魂にはこのように四つの働きがあるのであって、四つの違う魂が存在するという風には考えません。四魂《しこん》の働きを統合すれば一つの魂《たましい》ですから、究極的には一霊一魂《いちれいいいちこん》ということになります。

○魂魄《こんぱく》と輪廻転生《りんねてんせい》

魂魄《こんぱく》については先にも説明しましたが、輪廻転生との絡みから、さらに詳しく説明していきたいと思います。

魂《こん》は霊界に帰る、あるいは転生する存在で、魄《はく》は地上に留まり暫くして消えていくとされます。消えていくまでの期間はその人間の生前の想念の強さによっても異なります。

特に魄《はく》は魄体《はくたい》とも呼ばれ、人の生前の姿形を色濃く残しており、その魄体の中味といえば、人の想念であり、欲望であり、執念のようなものがほとんどだとされます。西洋の心霊学ではこれを「残留思念《ざんりゅうしねん》」とも呼んでいます。

魄は地上に留まると考える一方では、魄体は霊界にあって人間が生前に行なった様々な行為、カルマの精算、罪汚れを浄化するために霊界の低層において浄化のための修行をします。浄化された後は、そのエッセンスが魂と統合される、というような考え方もあります。

魂魄二魂論《こんぱくにこんろん》を中心にみた時、魂《こん》は霊界へ、あるいは転生（生まれかわり）し、魄《はく》は地上に留まりやがて消えていく、もう一つは霊界の下層で生前の罪汚れ、カルマを清算するというものです。こうなると魄《はく》には二種類あるように思えます。この点について霊学や陰陽道では明確な説明がありません。

そこでこれを欧米の霊学ともいえる神智学の考えを借用して説明してみます。

神智学は十九世紀にＨ・ブラバッキーが、ヒマラヤの奥地にあるシャンバラという聖地に存在する偉大な教師《グル》、マスター達から地球の成り立ちから、霊界の諸相、宇宙の神秘などの教義を伝授されたとする体系的な情報です。

ことの真偽はわかりませんが、この神智学では人間の霊魂、神智学では霊体という表現が一般的につかわれます。

次にこの霊体について神智学の観点から、簡単に説明します。

まず人間は肉体の他に霊体と言われる、目に見えない霊的な身体《からだ》を持っていて、それは肉体と互いに浸透しており、霊体の姿は肉体とほぼ同じ状態で見えます。

霊体には階層があり、一番低次元なもの、肉体にもっと近いものをエーテル体と呼び、肉体が滅んで、死後霊界に移行するのがアストラル体と言われるものになります。

このアストラル体は死後霊界で、生前と変わらず生活するようですが、肉体の制約がなくなりますから、かなり自由な生活が出来るとされます。これは私たちが夢の世界で、空を飛んだり、行きたい処に一瞬で移動したりすることが出来るような世界です。ですからたいていの霊界はこの世以上にすばらしい世界とされます。

エーテル体はどうなるかというと、これは霊界には移行せず、肉体が滅んだ後、しばらくして消滅するものとされます。

エーテル体の役割は、肉体とタマシイを繋ぐものであって、タマシイが肉体を離れればその役割は終わるということです。ですからここは魄《はく》と同じようなものです。肉体の消滅と多少時差はありますが、肉体の消滅はそのままエーテル体の消滅になります。

アストラル体は霊界に移行して、天国のような暮らしをする者もあれば、地獄のような責め苦を受ける者もあるらしく、一様ではありません。

神智学では人間は生前のカルマによって振り分けられ、善なるタマシイはより快適な世界へ、悪なるタマシイは醜悪な世界へいってカルマの清算をするとあります。このところも魄体が生前の罪汚れを霊界で禊祓《みそぎはら》いをする、つまり清算することとほぼ同じです。

このアストラル体はカルマの清算が終われば、アストラル界における死を経て、さらに上層の霊界、メンタル階層へとタマシイは移行するとされます。

アストラル界における死というのは、古くなった上着を脱ぎ捨てるようなものです。霊体の進化とともにその階層での波長とのズレが生まれ、より精妙な波長と共鳴するようになっていきます。するとその精妙な波長のレベル、メンタル界へとタマシイは移行していきます。ですからアストラル界にあったアストラル体はもう必要ないので脱ぎ捨てられることになります。これがアストラル界における死ということになります。

この解説に基づけば、魄《はく》の一部は肉体とともに滅んでいき、アストラル体が霊界へ行き、霊学でいう魄《はく》が、霊界で生前の罪汚れを浄化するという部分と同じです。ただ霊学では魄《はく》をエーテル体、アストラル体という様に厳密には区別していません。

ですから魄《はく》も肉体とともに消滅していくものと、霊界へ移行していくものの二種類あると考えた方が、このあたりの事情には整合性がでてくるのではないかと思います。

先に述べた四谷怪談のお岩の言葉に『魂魄《こんぱく》ここにとどまりて、恨《うら》み晴らさでおくべきか』とあります。これは魂は上に上がり、魄《はく》は地上にという法則からははずれていますから、魂魄がともに地上に留まることはあり得ないということになります。

しかし、強い怨念や執念をもって死んだ人の場合、魂魄が一体化していることがあると言われます。これを教えていただいたのは、先にも述べた、現在では数少ない陰陽師《おんみょうじ》の末裔《まつえい》のF先生でした。

そもそも最初のご縁は心理学のセミナーで受講生とそこのスタッフという関係でした。長くお付き合いするうちに、私が心理療法の中で起こる霊的憑依に向き合っていることを知って、「それでしたら、私の持っている知識や技法を教えましょう」ということで、一子相伝で伝えられてきた陰陽道の知識や技法を親しく伝授してくださり、おかげで随分助かりました。今でも様々な霊的憑依問題解決の大きな力になっています。

魂魄《こんぱく》が両方留まるのかという話ですが、先生によると、古来からそういうことは多くあったのですが、近年ではほとんど見られないということでした。

そして魂魄《こんぱく》が両方あるような霊的存在は、その力が半端なく強いということでした。

憑依された人間が恐ろしく力が強くなり、それがか弱い女性であっても大の男を軽々と投げ飛ばしたり、物理的な怪現象を引き起こすことが出来たり、たとえばテーブルが飛んだり、ガラスが割れる、時には憑依された人間が空中浮遊するということもあるそうです。

また魂魄《こんぱく》がとどまっている場合は、凶悪な霊的存在であることが多く、非常に暴力的になるとのことです。

幸い、私はそのようなすごい相手と格闘したことはないのですが、確かに憑依されていると思われるクライアントで暴力的、攻撃的なことがあります。人格が変わってしまったクライアントから、何度か襲いかかられて、取っ組み合いになったこともありますが、投げ飛ばされるほど強いということもなく、今のところこと無きを得ております。

では、そんな強烈な相手にどう対処するのかを聞いてみたら、『だから古武打ち（古武術）を修練しているんですよ』と言われました。

古来から陰陽師《おんみょうじ》にとって、憑依された人が攻撃的であることは、当たり前のことであったようです。そして相手を打ちのめすわけにいかないので、必ず関節技をかけて動かないようにして、祝詞をあげたり、呪文を唱えたりして除霊するとのことでした。

私も若いころから少林寺拳法、合気道を嗜《たしな》んでいたので、まさかこんなところで武術の経験が役に立つとは思いもしませんでした。ただ幸いなことに未だ関節技を発揮するような場面には遭遇していません。できれば今後もそのような状況はないことを願っております。

そもそも霊能者ではない私には魂《こん》と魄《はく》の見分けもつきません。

ただ言えることは、霊的憑依のほとんどがこの魄《はく》の部分、神智学で言えばアストラル体を扱っているということです。

霊的憑依の問題を扱う場合この魄《はく》についての理解が大切です。

魄《はく》はこの世に残るとされますが、私のこれまでの経験からすると、実際にはこの地上にある霊的空間である八衢《やちまた》、仏教でいう中有《ちゅうう》、つまりこの世とあの世の中間の世界に、存在しているのではないかと思っています。

この八衢《やちまた》とはその名の通り八方に道がある交差点のような場所のことです。亡くなった人がそこに集められて、それぞれにふさわしい霊界へ行くわけですから、スクランブル交差点のようなものです。ですからまだ霊界ではない、その手前ともいえますね。

ただ霊学では霊界そのものを「やちまた」と呼ぶ場合もあります。一応ここでは中有霊界《ちゅううれいかい》＝八衢という考えで使います。

このあの世でもこの世でもない中有霊界《ちゅううれいかい》に、まるで残骸《ざんがい》のように、あるいは残像かもしれませんが、人の魄体《はくたい》、あるいはその一部が残存していることがあります。

さきほど述べた残留思念《ざんりゅうしねん》と言ってもいいかも知れません。

よくある例で、クライアントが過去生を再体験した際に、その記憶とともにタマシイの一部を取り戻します。

過去生回帰療法の世界では、「タマシイのかけらを取り戻す」メソッドとして確立しています。これは過去生のいずれかで欠けてしまったタマシイの一部、つまりタマシイのかけらを取り戻す作業です。このメソッドは通常、催眠誘導、イメージ誘導による統合のワークということになります。

○過去生霊の憑依

ではここで実際の事例に基づきながら解説していきましょう。

この事例は催眠療法ではなく、グループセラピーであるコンステレーションで行われています。コンステレーションの詳細については第二章に説明がありますので、参考にしてください。またクライアントは仮名にしてあります。

渡辺恵子さん（四十二才）は、自身もセラピスト、占い師として霊感ヒーリングのようなことをされている方でした。最初は、自分自身の家系からくる怨念のようなものを感じるので、その問題をどうにかしたいと来られました。

第二章で説明したコンステレーションを使って働きかけたところ、かなり根深い怨念、怨念霊ともいうべき存在が明るみになり、それを何とか処置して彼女の主訴は解消されました。ところがその後、数年たって、また働きかけを希望してきました。

渡辺さんによれば、おそらく数年前に現われた霊と同じ女の怨霊ではないか？昼夜の区別なく現れるといいます。彼女はいわゆる霊媒体質の方なので、見える、感じる、聞こえるが激しく、髪を振り乱した平安時代の着物のようなものを着た女の霊は、常に自分の周囲を徘徊しているとのことです。

また、交際している男性にもその霊が憑依しているようで、その男性は仕事もうまく行かなくなり、事故や怪我に苦しんでいました。

しかし、もしこの女の怨霊が渡辺さんの家系から来る者ならば、渡辺さんの処に来るのは理解出来るが、交際相手、つまり血筋とは関係のない他人にまで影響を及ぼすということは考えにくいと私は疑問に感じました。

家系に祟る怨念霊とは、この場合で言えば渡辺さんの先祖の誰かが、その時に関係のあった人または人々に酷《むご》い仕打ちをした結果、その人または人々がその強い復讐心から霊界に留まり、その家の代々の子孫に祟り続けるというものです。

しかし、この場合でも対象は自分たちを苦しめた者の血筋を引く者であって、パートナーといえども血筋が関係なく、邪魔さえしなければほとんど関心を持ちません。つまり、これはかなり例外的なケースです。

私がもう一つ気になることがありました。それは、これだけ霊現象がはげしく起こっているのに渡辺さん本人には、ある意味致命傷的な病気や怪我、人間関係や仕事の崩壊、という事象がなかったことです。

毎夜に及ぶ金縛りや、ラップ現象で精神的には相当ダメージを受けているのですが、怨霊としては大人しいというか、喩《たと》えて言えば、空手の試合の寸止めのような感じです。空手の試合では、鍛えられたお互いの拳《こぶし》は一種の凶器にもなります。実際当てれば大けがをするので、当たる寸前で止めるのです。

彼女は有名な霊能者や祈祷行者を廻り、除霊を試みたそうですが、うまくいかず途方に暮れていたところ、これは通常の霊障ではないかもしれない、と彼女の師匠を通じて私の処にやって来られました。

そこで、コンステレーションを立ててみることにしました。

案の定その怨霊の代理人になった女性は、突然「ハッハッハッハッ…」と甲高い声を出しながら、本人の代理人に近づきだしました。

コンステレーション（イメージ）

本人の代理人が嫌がって動くとついていきます。しまいには走り出した。すると、その怨念霊の代理人も後を追いかけて相変わらず甲高い声を張り上げています。しばらくするうちに代理人自体の息が切れてきて小康状態となりました。

そこで渡辺さんの交際相手の男性の代理人に入ってもらうと、怨念霊の代理人はさきほどと同じようにその交際相手を追いかけだしました。

この怨念霊と目される存在が、家系には関係なく憑依しようとしていると私には判断ができました。また、追いかけてはいるが、渡辺さんにもその交際相手の代理人にも取り憑いたりはしていません。取り憑く場合、代理人であっても身体を密着させたり、手を取ったり、しがみつくようなしぐさをします。それはなくただ徘徊している状態を続けているのです。

しかし、決め手はありません。

一体何なのか?わからないというのが本音です。私はコンステレーションのフィールドの中で停止状態になりました。すると代理人ではない、座席にいる参加者から情報がもたらされました。この方もかなり霊視能力が高いので、自分自身が見えた霊的な内容をシェアしてくれたのです。

それによると、一匹の犬が何かをくわえてこのフィールドにやってきた、そのくわえているものを見ると、古いボロボロになった着物、十二単衣《じゅうにひとえ》のような着物を着た、骸骨状態になった女性の遺体らしきもので、髪だけが異様に長いと言います。

通常コンステレーションは、家族間のシステムを扱うので、家族の間にある情報が解決の糸口になるものです。

例えば、自分の上に両親が中絶した子どもが一人いた、とか、祖父が祖母と結婚する以前に最初の妻がいたが、その妻は子どもを流産した際に亡くなっている、といった情報がその家族の中で秘密にされている場合、家族間のもつれにつながりやすいのです。だからこれまであまり明かさなかった情報がとても重要です。

この場合は、古すぎて、家族間の情報などわかるはずもありません。

そうはいっても他に頼る情報があるわけでもないので、その情報を試すことにしました。そこで初めてコンステレーションに参加した方の中から、感度のよさそうな女性を選び「ボロボロの着物を着た女性の骸《むくろ》」という代理人になってもらいました。

初めての参加で代理人に指名されて、かなり戸惑っていましたが「死んだ人だと思って寝てください」ととりあえず床に仰向けになってもらいました。

彼女が言われたように横たわると、それまで徘徊していた怨霊の代理人が急に動きを止めて、ゆっくりその遺体の代理人の元に近づいて行きます。跪いて遺体の頭をなでるしぐさをし始めました。

代理人というのはとても正直で、そのシステム、その代理するものの存在に関係のないものには関心を持ちませんし、反応もしません。反応したからには、何らかの関連があるはずです。怨霊の代理人にどんな状態か、またどう感じてるのか?と聞くと「可哀そう、可哀そうに」という言葉が返ってきました。

この段階ではまだよくわかりません。しばらく時間をおいて待ちます。時間をかけると代理人に感覚的な情報が上がってくることがあるので、私はしばらくそのまま待つことにしました。すると怨霊の代理人が遺体の代理人の横に横たわりました。そこで、こう聞きました「あなたの場所はここなんですね?」

すると怨霊の代理人は頷《うなず》き穏やかな顔になっていき、静かにそこに横たわっています。先ほどの甲高い笑い声で本人や、交際相手を追いかけていた時とは全く違います。

私は、そこで仮説を立てます。

この怨霊はこの遺体そのものではないかという仮説です。つまり十二単衣《ひとえ》を着ているぐらい昔のこと、一人の女性が亡くなって、その遺体の魄体《はくたい》が中有霊界に残骸としてあり、その魄体はなんらかの強い執念のようなものがあって、今もそこにあるのです。そしてそれはクライアントである渡辺さんに極めて強い関わりがあるということです。

そこで本人の代理人と怨霊の代理人を向かい合わせて、本人の代理人にこう言わせました。

「あなたは、私です、あなたは私の一部です」

すると相互に納得した感じが得られました。同じタマシイならば統合することが必要です。双方で目を合わせてハグするように指示すると、抵抗もなく、難なくハグをして、双方ともに良い状態でした。

怨霊の代理人はさっきまでの狂ったような状態から自然に抜け出て、代理人をする前の本来の自分になったと言います。本人の代理人も何かが戻ってきた感じですと言ってくれました。

これでわかったことは、この怨霊として渡辺さんの前に現われた存在は彼女の過去生、前世の姿だろうということです。過去生療法では過去生霊、前世霊ともいいます。これは残存している魄体《はくたい》あるいはその一部のようなものだと私は思っています。渡辺さんがこの世に生まれることで、魂《こん》と魄《はく》の統合が必要になってきて、統合されるべく自然と引き寄せられたという風に解釈しました。

渡辺さんは霊視能力の高い方なので、非業の死を遂げた過去生の自分の霊体（魄）が見えたわけです。見えたとしても、それがまさか自分自身の過去生の霊体だなんてわかりませんから、得体のしれない憑依霊だと思います。だから必死に除霊しようと試みたのです。除霊しても取れない、なぜならそれは統合されようとしていた過去生霊だからということです。

本人とその過去生霊の統合は上手くいったのですけれども、遺体の代理人は依然として静かに横たわっています。何の変化も見られないので、このまま放置しておくこともできないし、おそらく中有霊界には、まだ残骸のように存在しているのではないかと考えました。

そこで火葬して供養するという儀式的な働きかけを行なうことにしたのです。参加者全員が立ち会い人になって、私がお経をあげながら、遺体の代理人に今から火を付けます、あなたを荼毘に付します、と宣言して火を付けるジェスチャーをして、参加者全員には火が燃え上がるイメージを共有してもらいました。

するとしばらくして、遺体の代理人は急に涙を流し出して、絶叫しだしました。相当苦しそうな煩悶《はんもん》という状態がしばらく続きました。おそらく浄化されていく過程で、様々な感覚、記憶、思いなどが霊的な火によって焚き上げられる状態だと思います。

やがて煩悶がおさまり、何事もなかったかのように静かになりました。私は彼女に声をかけると、目を開けて大丈夫ですと返事をしてくれたので、この働きかけによって私達には本当の理由や経緯はわからないものの、一つのテーマが完了したと実感しました。

働きかけが無事終り、初めての参加で大変な役をしてもらった彼女に感謝の意を伝えると、

「初めての感覚で、どうして自分がこんなに悲しくなって、泣き叫んでいるのかわからないまま叫んでいました。途中からは意識はあるんですが、それが止まらず、感情も感覚もないけれど、何か焼き尽くされたという感じがしてきました。先生に声を掛けられて自分に戻りました。

今はとてもスッキリしています」と言われました。

コンステレーションで働きかけを受けた渡辺さんは、その後、憑依霊に悩まされることはなくなったそうですが、それはあくまでのこの働きかけで終わらせた過去生霊のことです。

ご本人は霊感があるので、またどこかで憑依されることはあるかも知れません。こちらから見えるということは向こう側、つまり霊界からも見えるということなので、普通の人よりも憑依されやすいわけです。

この例でわかることは、「タマシイのかけら」というものが、私達の知り得ない次元、霊界のどこかの階層にあって、それは私達の身体や心というものに通じており、何かのきっかけがあれば具体的に顕在化してくるということです。

○霊魂観のまとめ

憑依現象を扱う際に、重要な霊魂観について私なりの説明をしてきました。

霊魂、タマシイというものはとても複雑な様相を持っています。魂《こん》と魄《はく》、四魂《しこん》のはたらき、一つのタマシイが分割されたり、分離されたり、分離したものがまた一つになったり、さらには過去生における魂魄《こんぱく》の問題などもあります。

この章で実例でお話しをした過去生霊は、霊学の中でも認識されていなかったものです。このように実際にセッションの現場では想定していない事柄がどんどん浮上してきます。

この章で述べた霊魂観はあくまでも参考です。あまり特定の考えにこだわったり、難しく考えすぎない方がいいと思います。なぜなら私自身を含め、この本を読んでくださる方は霊魂の研究家ではないという前提です。

あくまでも心理療法の中で遭遇する可能性のある霊的憑依に対しての対処法であって、現象化した憑依現象がどの四魂のうちのどれなのか？ということではなく、クライアントの憑依現象が解消されることが第一義になるからです。


また霊魂については、霊界との関係があります。その霊魂がどのような霊界の層から来たものなのか、それを知ることが問題解決の鍵になる場合もあります。

霊界については霊界の諸相についての章を参考にしていただければと思います。

ここまでの霊魂観は原則として、人間の死後の霊魂というものについてでしたが、人間以外の霊的存在も霊界には存在し、時には憑依現象を引き起こします。霊魂に人間以外のものがあることを意外に思う方もいるかも知れませんが、これが実に多いのです。

第三章でも述べた山村香さんの例では憑依していたものは人間の霊ではありませんでした。

では一体何者なのかは断言できませんが、少なくとも人間以外の霊体で中有霊界に存在する、知性のある存在というのが妥当だと思います。私はこれらの人間以外で憑依現象を引き起こす存在を総括して「もののけ」と呼んでいます。

この「もののけ」については第三章や第六章で詳しく説明しています。

霊魂観の中で扱うかどうか迷ったのが生霊です。実はこの生霊がやっかいな存在なんですね。

この生霊についても第三章六章において説明していますので、そちらを参照してください。

第五章　霊界について

霊界について

「第四章霊魂」に続く章になります。

ここでは霊界の諸相やシステムについて説明していきます。

人間は死を迎えれば肉体は埋葬され、土葬ならば遺体は土に還り、火葬なら灰になって滅びますが、霊魂《たましい》は生前の記憶や個性を存続した状態で、通常の人間が知覚できない世界である霊界へと移行していきます。霊界とは身近な言葉で言えば「あの世」ということになります。

あの世、つまり霊界には様々な階層があります。死んだ人間のタマシイは一様に同じ霊界に往くわけではありません。生前にその人間が行なったカルマの善悪や、タマシイの進化のレベルによってそれ相応の霊界へと赴《おもむ》くわけです。

まず人間は肉体の死を迎えると、それまで肉体と霊体を結び付けていた霊の緒《たまお》（凧あげの糸のように肉体と霊体を繋《つな》げているもので欧米ではシルバーラインと呼ばれる）、その霊の緒《たまお》が切れて完全な死を迎えます。肉体から切り離された霊体は上昇したり、下降したりしてトンネルのような空間を過ぎて、美しい一面のお花畑のような景色の広がる世界に行くとされます。

そこには川があって、その川を渡ったところが完全なあの世、つまり霊界ということです。

この川の所あたりまでは国や文化がちがってもだいたい同じようなものだそうです。

川向こうの霊界へと行った霊体は、しばらくこの世の記憶や個性がある状態ですから、この世で暮らしていた環境や文化と同じような霊界へと収容されていきます。そこである程度の時を過ごし、霊界に慣れた頃から、それぞれのタマシイの進化レベルに応じた霊界へと振り分けられていくとされています。

これは臨死体験と呼ばれる、いったん死を宣告された人が何らかの理由で再び息を吹き返した、つまり蘇《よみがえ》ってきた人が見た夢のことです。これについては世界的な規模で研究がなされています。

多くの証言の共通点には、トンネルのような空間、お花畑のような美しい場所、そして川があって向こう岸に渡ろうとすること、またその川を渡る前にこの世に引き戻されることなどがあります。そしてこのことは、文化や宗教がちがっても多くの人に共通に見られるものだとされています。

○死は霊界への移行

人間の霊体は第四章の霊魂観でも説明したように、魂魄《こんぱく》という二つの系統に分かれており、人の死後、魂《こん》は産土《うぶすな》の神のもとに留まって次に転生する時を待ちます。しかし、人間の魄《はく》は強い欲望や、生前の行為、カルマのためにしばらく人間としての個性を保ち続けながら、カルマの浄化、清算をします。カルマの浄化が終わり、清められた魄《はく》は魂《こん》と統合されて、次の転生へと赴くとされています。

別の説では、魄《はく》は地上に残り、しばらくした後に分解されて消えていくとも考えられています。地下に降下して山や海へ流れ、漂って、その間に浄化され人間としての個性も完全に消失して、一種のエネルギーに分解されて大気に戻っていくのです。

霊界に階層があるのは、死後のタマシイにはそれぞれに業《ごう》、カルマともいうものがあり、そのカルマのレベルによって浄化されていく時間に違いがあるからです。

カルマは生きとし生けるものが行なう様々な活動によって、その原因となる因を造り、環境や置かれた状況による縁によって、一定の果を受け取るというものです。これを「因果応報」と言います。

例えばスポーツ選手が、メダルを目指して必死にがんばって、試合に出て思う成果を手にすることも、因果応報です。仮に練習の途中で身体を痛めてしまい、、それによって思う成果が得られなかったとしても同じ因果応報です。

同じようなことをしても人それぞれ違う結果になることは多いものです。それはその個人がもともと持っている因としてのカルマ、ほとんどが前世でのカルマの違いと、置かれた環境や状況の違い、つまり縁の違いによっても変わるものです。

このカルマの浄化がなされ、清められた魄《はく》はやがて魂《こん》と再び統合されてより高次の霊界に転生するか、あるいは再び人間として現世に生まれ変わるといわれています。ほとんどの人は死後、このような形で霊界へと移行するとされます。

人間は死ねば終わりで何も無いのだ、無になると考えている人は死後の世界があることに驚くことになります。

以前、ある勉強会で霊能者の先生から聞いたことですが、人間は死ねば土に還るだけで後は何もない無の状態だと信じて生きていた人が、死後自分の墓の下でひたすらじっとして動かない姿を霊視したことがあるそうです。

その先生はその人に気づいてもらうために様々なアプローチを試みたがのですが、その霊は反応せず、意識が有るのか無いのかもわからない、まさに無の状態そのものだったということでした。このような人の場合は、魂も魄もともにその場に留まり続けることになる可能性があるかも知れません。

またこの世への思いが強い場合や、あるいは突然の死によって、自分が死んだことの自覚がない場合には、個人の記憶を持ったままで、この世とあの世の中間にある中有霊界、又は八衢《やちまた》と呼ばれる領域で生前と同じような活動をします。

飛び降り自殺した人なら、自分が自殺しようとしてから、飛び降りる瞬間までを何度も繰り返し続けていたり、人との約束を果たすため、来るはずのない相手を待ち続けていたりといったことがあります。

ある個人セッションで憑依していた霊が、昔の武士の霊で、未だに仲間の武士を待ち続けているということがありました。

これらは霊界で新たな生活や活動をしているというより、ただ、さまよい続けている状態であり、その場に残留し続けているだけです。この場合そこにいる霊体は、多くの場合は魄体《はくたい》だと思われます。

霊学では、魂《こん》は産土の神の幽界にあって魄体が浄化されて、再び戻ってくるのを待っています。その際、活発に霊界で活動するものもあれば、休眠状態のような場合もあるとされます。

◯霊界のシステム

人間は死後、そのタマシイは霊界へ移行しますが、しばらくの間ほとんど生前の状態と変わらない姿で存在します。霊界へ移行してそこの住人になったタマシイを霊界の住人ですから、霊人《れいじん》と呼んでいます。

霊界では先に述べたような迷える霊を救済するため、より上位の霊人が働いていたり、新しく霊界に来た霊人のために、霊界での生活を無事に送れるようにお世話をしてくれる存在がいます。それは先に霊界に往《い》った人の霊であり、面倒を見てくれる霊人はその人の先祖ゆかりの霊人の場合が多いようです。俗に守護霊と言われる存在がこれにあたります。中には生前もその人の守護をし、その人が死んで霊界へ来てからも守護してくれる親切な守護霊もいます。霊界である程度のケアを受け、教育を受けた霊人は、自分が死んでいて、今は霊界の住人であることを理解し、霊界の仕組みや輪廻転生の本質であるタマシイの向上を目指すようになります。その中でどうしても浄化しなければならないカルマを浄化します。

霊界には様々な霊（ほとんどが魄体《はくたい》）を同じようなレベルのもの同士に分類し、さらに一定の区域に集めて様々な霊界を造ります。そこでは生前と変わらない暮らしをする場合もあれば、カルマの清算のために修行のようなことをしたり、酷い場合は刑罰を受けたりと様々です。

便宜的に霊界を大まかに分けてみると、刑罰的な地獄階層の獄界、この世とほぼ同じような階層の霊界、この世的な苦しみがなく、まるで天国極楽のように明るく楽しい階層の天界、となります。

この三区分もさらに様々な階層や領域に分かれており、無数といってよいほど存在しているのです。それは私達が暮らす世界と同じように、地域ごとに集落があったり、大きな都会があるのと同じことです。ただ一つ決定的に違う点は、霊界では同じレベルのもの同士しか一緒にいることが出来ないことです。

類は類を呼ぶといいますが、地獄には地獄にふさわしいタマシイしかいませんし、上層の霊界には浄化されたタマシイしかいることができません。これを類感《るいかん》の法則とか類友《るいゆう》の法則と呼ぶこともあります。

このように霊界は様々な階層や領域が広がる世界で、階層が違えばたとえ親子でも会いに行くことができません。

そもそも霊界にいったん入れば、自分のいる霊界のことしかわかりません。獄界であればその苦しみのため、他のことを考える余裕すらないわけです。ですから憑依してくる可能性が高いのは低層の獄界にいる霊がほとんどです。

○獄界について

生前に犯した犯罪的な罪や、神律《しんりつ》、幽律《ゆうりつ》に反する行為、例えば神の存在を否定するとか、無暗に殺生をする、人を呪い殺すなどの行為の償いとして、刑罰を受けるために地獄にいくことを選択する霊もあります。選択というか仕方なく行くわけですが。

この刑罰を受ける霊界を昔から地獄と呼んでいます。

正確には煉獄と言うほうがいいでしょう。これはキリスト教の考えですが、地獄とは、ひとたび落ちると二度とそこから出ることが無い世界で、煉獄は一定期間刑罰を受けたり、また刑罰的な暮らし方をした場合、イエスを救世主として信じ、信仰を受け入れれば神の恩寵によってそこから出ることが出来る世界です。

佛教でいう地獄はどれだけ長期間でも、どんなに過酷でも原則としてすべて煉獄になります。

煉獄ということはカルマの浄化、カルマの精算が終わればそこから上の世界、霊界へ転生できます。

恩寵によって救済されることも稀にはあります。その場合はその獄界にいる霊がよほど信仰深いか、生前に何かしらの徳分がある場合ということになります。

恩寵とは神仏の救済ということですが、その救済に預かる条件は生前に積んだ功徳、他者や社会の為に尽くすことや信仰心などがその条件になります。しかし獄界にいくようなタマシイですから、この二つの条件をクリヤーするのは難しいかもしれません。

あり得るのはその霊の子孫なりが、その霊のためにこの世で積んだ徳を、獄界の霊救済のために神仏に祈ったような場合です。これは霊界での救済にはとても重要なことになります。

地獄というと日本では、恐ろしい顔をした閻魔大王が有名ですよね。地獄図といって様々な地獄の有様を描いた絵があります。仏教では地獄は、八大地獄とそれに付属する衆合地獄、身体を切り刻まれたり、糞尿しかない池に沈められる、動物に襲われ殺される、針の山を登り続けるというような様々なバリエーションが存在します。また八寒八熱といわれる地獄の分類もあって、業火で燃やされ続ける焦熱地獄、極寒にさらされ身体が崩れるという氷結地獄というのもあります。つまり熱いか寒いかという分類です。

これは過去生療法中にあるクライアントが体験したことです。

ある過去生に戻り、そこでの重要な体験を振り返った後で、再び転生していく自分を見たそうです。

転生したのは、種類を特定できないが四つ足の動物に生まれ変わって、何かに追いかけられる恐怖を感じながら死んでいく、すると自分は人間の姿になっていて、極寒の暗闇の中で一人凍えているというものでした。

クライアントは実際にその寒さを感じだして、身震いをし始めました。しばらく様子を見ていたのですが、あまりの悪寒に堪えられないと訴えてきました。過去生療法は、過去生の記憶を呼び覚まし、その過去生を再体験することに意味があるので、もう少し頑張るようにとクライアントに指示しました。

しばらくすると震えはおさまり、穏やかな状態になりました。

クライアントはその過去生から転生して、今現在に戻ったということでした。そして自身が体験した悪寒についてこう説明してくれました。「その寒さはこれまで体験したことのないような寒さでした、身体の皮膚が剥がれて神経がむき出しの状態で、氷点下の暴風にさらされ続けているような感覚なんです。そんな体験をしたことないのに、そう思えるぐらい辛かったです。イメージとはわかっているのに、あんなに生々しい体験は初めてでした」。

もしかするとこのクライアントが居た場所が、地獄でいう八寒地獄の一つなのだろうかと思います。もしそうだとするとこのクライアントは、地獄から転生してきたわけです。

人間はカルマ解消のために地獄に落ちることがあるが、生前ある程度徳分《とくぶん》があって、地獄において充分に改心したタマシイは、地獄での刑期を短縮する形で人間界へ転生することがありますそんなタマシイを地獄界改心の御魂《みたま》と呼ぶとある霊能者から聞いたことがありました。

○地獄の沙汰も徳分しだい

地獄の沙汰も金次第という言葉がありますが、霊界ではそもそもお金など意味がありません。すべてはその個人が生きていた時に積んだ徳分によって死後の世界での状況が決まります

徳分とは生きている間に行なった善なる行為のカルマです。カルマには善なるものとそうでないものがあります。善なるカルマの基本は自分のためではなく他者のために尽くすことです。目安として一人の人間の命を救えば十点のプラスのカルマ、反対に人を殺せばマイナス十点のカルマという風に考えればわかりやすいでしょう。

中国の明の時代の遠了凡という人が子どもの頃に出会った不思議な仙人のような人から、自分の人生におこる全ての幸不幸の出来事を教えられました。始めは半信半疑ではあったかが、寸分の狂い無く予言が的中するので、人の一生は決まっているものと知り、ある種の悟りの境地に到達したのです。

ところがある日、雲谷禅師という禅の僧侶に人間は努力によって自分の運命を変えられることを諭され、これまでのあり方を反省して、善なる行い、つまり徳を積むことに励むようになりました。

徳を積むといっても、生きているかぎり善なる行ないだけが出来るわけではありません、その反対の行ないもあるわけです。

そこで彼は何が善なる行ないでそうでないか？またその行ないはどのように表せばよいかを考え、それぞれの行ないに点数を付けて、毎日その両方を記録して、善悪差し引き出来る基準をつくったのです。功過格《こうかかく》といいます。

この功過格に基づいて、了凡は何年も徳積みの努力をした結果、子どもの頃に教えられた自分の人生の出来事が変わりだしました。

例えば出世しても県令の輔佐までだったのが、予定より早く県令に昇進したり、子どもは無いと言われたのに子どもに恵まれ、五十三才までの寿命だとされたのが、七十四才まで生きることが出来ました。積徳の功によって、彼の宿命はすべて良い方にはずれていったのです。そこで自分の経験をシェアするために「陰隲録《いんしつろく》」という本を書き日本にも伝わっています。

了凡によれば、自分の人生の予定が良い方向に変わりだしたのは、功過格を付けだして、ちょうどプラスで千点を超えたあたりからだとしています。徳を積むことによって大きな人生の変化がおこることは間違いないといえますが、千点を超えるとなると簡単ではないですね。

ちなみにお金を寄付することは善なる行ないでプラスとなりますが、今の金額では基準がありませんので、私の勝手な判断ですが、十万円で一点ぐらいではないかと思っています。

話は戻りますが、地獄からこの世に生まれ替われることは、ある意味ラッキーなことです。地獄の刑期は人によって違います。長ければ半永久的な場合すらあります。たとえ短いとしても、極寒の地獄にいることに比べれば救済されたのも同じことです。

ですから地獄界改心のみ魂《たま》にはかって、この世にあった際に善なる行ないがあった、徳分があるということになります。徳分がなければどうにもならないのがカルマの法則、つまり因果律です。

仏教、道教ともに人が善を行えば、天はその人に寿命を与え、悪をなせばその寿命を削るといいます。ではその誰にも知られないはずの悪業や善業を誰が監視しているのか?昔から人間の体には三匹の虫、三尸《さんし》がいて、人が寝静まると天界へ上りその人間の善悪全ての行いを報告するとされます。

その日は六十日ごとで、干支でいうと庚申《こうしん》の日になります。昔から庚申の日は三尸《さんし》が身体から抜け出さないように、寝ずに過ごす庚申待《こうしんま》ちという風習がありました。寝ると身体から抜け出るのですから、夜通し寝ずに過ごすのです。一人では難しいので仲間と集まってワイワイやりながら朝まで過ごします。江戸時代にはこれが一種の娯楽のようになっていました。

またもう一つは竈の神、つまり台所の神も三尸と同じように天に昇って私達の善悪の業を報告すると言われています。竈神はなぜか十二月二十三日だけらしいです。

先に述べた産土《うぶすな》の神も、毎日私達の家にやって来て、台所、水回りの部分を巡回されるそうです。ですから昔から水回りが汚れていると神さまが嫌がって入って来られません。

これは私の体験になります。

私のセラピーのお弟子さんの一人で、非常に霊感のある女性がいるのですが、仮に玉木恵子さんと呼びます。

恵子さんは時折夢とも現実ともつかない状態になって、霊界というか異次元空間に入り込んでしまうという人です。

その彼女が入浴剤を入れて真っ白なったお湯に浸かっていると、突然湯舟の中から見たこともない烏帽子《えぼし》を付けた男性の顔が現れて、こう告げられたそうです。

「本日より玉木恵子、そなた守護のみ魂《たま》とともに地獄の冥官《みょうかん》に任命する。心せよ」そう言って消えたそうです。

その後、就寝すると、夢で地獄の様子を見るようになったそうです。おそらく彼女の霊体が分離されて、地獄にいくのだと思いますが、そういう場合、夢と同じで目覚めると何も覚えていないものです。

ところが彼女は目覚めた後も、地獄でのことを覚えているということでした。

自分の状況が理解できずに混乱していましたが、平安時代の実在の人物で同じようなことをしていた人もいるので、それほど心配することではないと思いアドバイスしました。

その人は小野篁《おのたかむら》という人です。篁は平安時代の貴族で、宮中の役人として仕事をする傍ら、夜になると自宅の井戸の中にある地獄界に通じる霊的な通路《かよいじ》を使って、閻魔大王の側で冥官《みょうかん》としての仕事をしていたとされます。

冥官というのは地獄の役人のようなもので、閻魔大王の配下となって地獄での様々な仕事をする存在です。確か漫画で「鬼灯《ほおずき》の冷徹」というのがありますが、あれが冥官の仕事の一部だろうと思います。

篁《たかむら》が宮中に勤めていたある時、一人の役人が絶命して、すぐさま地獄の閻魔王の前に引き出されました。すると閻魔王の側にどこかで見たことのある人物がいます。その人物の名前を思い出したとたん息を吹き返したのです。

数日後、現実世界で篁と会ったその役人は、地獄での出来事を話しました。すると篁は、あなたの寿命を少し延ばすように計らいましたから、でもこのことはくれぐれも内緒にしてくださいと言われたという話があります。

この話は空想の物語ぐらいにしか思っていませんでしたが、同じようなことを体験している人が目の前に居るわけですから、それ以来 篁《たかむら》の話は事実で、地獄界には現世に生きる人間をスカウトするんだなあと認識するようになりました。恵子さん曰く、地獄界は多くの死者が押し寄せる状態になっていて、これまでの地獄のシステムではまわらなくなり、新たな地獄を造っているそうで、その関係でかなり人手不足だそうです。

そんな彼女からある時こんな話を聞かされました。

それは冥官《みょうかん》として閻魔様の側にいたとき、巻物をもった冥官（司命）が閻魔様にそれを開いて見せていたそうです。何やら話し合い、終ると閻魔様が彼女に向かって、お前の師匠である龍峰を連れてきなさいと言われたと言います。

その時は何のことかわからなかった恵子さんから、閻魔様からの伝言ということで、詳しく内容を書き起こしたメールが届きました。

その内容は筆者である私こと龍峰を地獄の冥官に召還することになったこと、その理由は幽律違反による罪科があるためだということでした。

その罪科は二つありました。一つ目は、閻魔庁の許可なく地獄の亡者を救い出したこと。これは私がコンステレーションの中で、家系にかかわる獄界の霊をそこから解脱《げだつ》させたことが何度かありました。このような場合はその霊界を主宰する神に許可を取るのですが、私が許可をお願いしたのは、閻魔庁の上位の神界の神にでした。ですから直接担当している閻魔さんの頭越しにやってしまったということですね。これは良くなかったと反省しました。

二つ目は、呪詛をしたことです。呪詛というのは一定の方式に従って、何かの目的のために特別な言葉を使用して祈ることですから、本来善悪の区別はありませんが、ここで問題になったのは悪意ある呪詛ということです。

悪意ある呪詛とは特定の相手に対する攻撃です。「のろい」というと、今ではほとんどがこの悪意ある呪詛になっています。ではどんな悪意かというと、閻魔さん曰く「呪術にて人の命を奪おうとしたことは、重き罪であるぞ」ということでした。

思い当たることとして、私が行なったある祭事を思い出しました。表向きは国家の安泰を祈る祭事だったのですが、そこに少し特定の人間に対しての呪詛を入れ込んだ祭文を作りこんだのです。私としてはその点は引っかからないように、何重にも前提を入れ替えたのです。

まあ言い訳なんですが聞いてくださいね。

その呪詛した相手というのは宗派の権力者で、当時私がお仕えしていた本山の住職（私達はご前《ぜん》さまと尊称でお呼びしていました）を立場上の権力を武器にして追い出そうとしたことからでした。

確かにご前《ぜん》さまはご高齢でしたので、引退するという道もあったのですが、ご本人の希望で命ある限り職責を全うしたいというご意志をお持ちでした。そこで四年ごとの任期の再任を希望しました。ところが宗派側には思惑があったようで、何かと難癖をつけて選任のための会議を煽動して退任に追い込みました。

宗教も組織で運営されますから、そこに権力が存在し、利権が生まれます。表面的には宗教者として振る舞いますが、その心根は欲望に取り込まれ権力の権化と化しています。これも一種の憑依現象です。ですから搾取と支配のシステムを構築しようと徒党を組んで、自分たちの思うままに組織を支配しようとします。

彼らは彼らなりに信条もあるのでしょうが、当時の権力者は独裁的で、狡猾に計略をめぐらして相手を陥れるという人物で、周囲も自分の言いなりになるような人物で固めているので、まともに意見を言う人もありません。

会議に同席もしたのですが、非公開であることをよいことに、自らの方針を強引に押し通し、反論しようものなら、その相手の揚げ足を取り、まくし立てるという有様で、反社会勢力の人間なのかと思うほどでした。それに味方してくれる人も無く、結果的には彼らの思うようになり、私も人生の中であれほど他人を憎いと思ったことはありませんでした。

「かくすればかくなるものと知りながら、止むにやまれに大和魂《やまとだましい》」という歌があります。

これは明治維新の人材を多く輩出した長州藩（山口県）の松下村塾の塾長吉田松陰の歌です。彼はかなり無茶をする人で、弟子たちが止めるのも聞かず、外国船に乗り込もうとしたり、幕府の要人を暗殺しようとしたり、かなり過激な行動家でした。結果、逮捕され、謀反の罪で死罪になりますが、その辞世の歌がこの歌です。もちろん松陰ほど立派でもなく、崇高なことではありませんが気持ちとしてはこのような思いでした。

しかし、どう言いつくろっても閻魔さんのおっしゃる通りなので、仕方ありません。この二つの罪科によって数年分の寿命を削るということになったらしいのです。この私の罪科を誰が閻魔さんに知らせたのか？思い当たるとすれば、私の中にいる三戸なのだろうと今では思っています。

ところがその裁定に関して、ある仏さまが仲裁してくださったことと、私にもそれなりの徳分があるらしく寿命を削る代わりに地獄の冥官として期限付きで奉仕するように裁定し直した、ついては冥官就任にあたり京都の六道珍皇寺に参るようにということでした。

この六道珍皇寺はまさに先ほど話した、小野篁《おのたかむら》の自宅の跡地に建てられた寺で、今でも篁が地獄との連絡通路にしていた井戸が残っています。その井戸の前まで来て、井戸から下を覗くように、それが就任の挨拶とのことです。

八月の下旬、地蔵盆の頃に参拝した後は、特に変化もなく過ごしていました。ところが、十月になってずいぶん過ごしやすくなったころ、夜に頻繁に寝汗をかくようになりました。最初は風でも引いたのかと思いましたが、寝汗は毎夜続き、時には夜中に起きて寝間着を変えないとびしょ濡れで眠れないほどでした。

自分の年齢を考えると、もしかすると更年期障害の影響で自律神経がおかしいのかと思い、病院で検査を受けるか迷ったくらいです。

十一月の中頃に数名の有志とともに皇室にゆかりのあるお寺で六日間、国家安泰の祈祷を行ないました。

その後、恵子さんから、彼女が地獄で私を見たということを聞き、私が大焦熱地獄《だいしょうねつじごく》で勤務していたと教えてくれました。

大焦熱地獄といえばそこに落ちた人間は、地獄の業火に焼き尽くされて跡形も残らない凄惨な地獄です。そうだとしたら、毎夜かいていたあの寝汗の理由も納得できしました。

ただ私は自分が就寝中に地獄に行っている記憶もなく、彼女のいうことが本当かどうか未だにわかりませんが、幸いなことに期限付きだった私の冥官としての勤労奉仕はこの時点で終わったとも告げられました。

何か判然としない処はありますが、人を呪えば穴二つといいます。例え相手が悪くても呪殺は幽律違反となり罪になります。

これは霊界にいる「もののけ」や怨念霊でも同じことになります。長い年月、霊界で生き残ってきた「もののけ」には直接手を下さないものも多くいます。彼らは人間の心に働きかけてその人間が自ら死を選ぶようにしむけます。これも霊界の幽律から逃れる手立てだと思います。

話が飛んでわかりにくいかもしれませんが、霊界には幽律というもの、つまり霊界の掟、法律のようなものがあって、一部は現実世界とも密接に関連しながら、霊界で混乱や不平等なことがないよう、また現実界と霊界との境界を乱さないように、きっちりとした統制のもとに成り立っているということです。

○幽世《かくりよ》と顕世《うつしよ》

霊学の世界では、霊界のことを幽界《ゆうかい》と呼び、現実世界を顕界《けんかい》とも呼びますが、通常は幽界を幽世「かくりよ」、顕界を顕世「うつしよ」という言い方で表現しています。

「かくりよ」とは文字どおり隠れた世界という意味で、私たちには通常見ることも聞くこともできません。「うつしよ」は古語では「うつ」と「し」に分けています。「うつ」は「現」とか「顕」の意味があって現実の、目に見える世界を指すのですが、「うつし」になると「移し」、「写し」の意味も加わります。

ですから「うつしよ」は現実世界の意味ではあるけれど、移された世界という意味も含んでいます。では何を移しているのかというと、幽界「かくりよ」、霊界を移しているとされています。

現実世界は霊界の「移し」ということです。移しですから、写し、映しということでもあります。このことは霊界と現実世界の関係を理解する上で大切なポイントになってきます。

つまり幽界＝霊界が元であって、霊界にもともとあったものがこの世に移し（写し）出され、私達の現実世界が作りだされているのです。たとえば、神を敬うという信仰、警察のような治安機関、行政機関、戸籍管理システム、はては娯楽など、大小様々なシステムや、事象も本来は幽世にあったものだという考え方です。

ここで戸籍管理を例にして説明しましょう。

私達は戸籍があり、それは自身が住んでいる市区町村の戸籍台帳に登録され、管理されています。もしそれが嫌だといってもどうにもならないでしょう。逆に登録されているお蔭で住民としてのサービスを受けることができます。むろん納税の義務もあるわけですが。

これと同じようなシステムが霊界にもあり、私達が住む地域の産土神社または氏神と呼ばれる幽界の神々が、管轄する区域の氏子を日夜守護しているのです、これを産土《うぶすな》の神とか産土司《うぶすなし》命神《めいしん》とも呼んでいます。

わかりやすく言えば、産土システムと言った方がいいかもしれません。これは私達人間がこの世に生まれて、命終わるまでの一生を見えざる神が守護してくださるというものです。神といってもキリスト教、イスラム教でいうような唯一絶対の神というものではありません、日本では八百万《やおよろず》の神々という表現が使われます。神さまは一人ではないのです。

仏教では「山川草木《さんせんそうもく》、悉有佛性《しつうぶっしょう》」と言います。全ての存在には佛となる可能性が備わっているということです。日本の神道もこの世のありとあらゆるものにはタマシイが宿ると考えます。このような考えをアニミズムと言います。そしてそのタマシイを人格化したり、人間以上に優れた能力や、働きをする場合、その「もののけ」を神と呼んだのです。ですから大小様々な神々が存在するわけです。

産土の神は私達が住む地域の神社の幽界に鎮まっておられ、管轄する区域の住民すべてを蔭ながら見守ります。

その大切な仕事は、その土地に人間が生まれてくるときと死ぬ時だそうです。縁あってこの世に生を受けるその人間を産土の神が引き受けてくださり、初めてこの世に産声を上げることができます。そしてその人の命が終われば、その魂《こん》は産土の神の身元に迎えられ、魄《はく》に積もった罪汚れを霊界において祓い清めるまで守護していただくということです。

また他にも、縁結びも大切な仕事とされます。それによって多くの場合新しい命が生まれますから、産土の神にとっては大切な役割になるわけです。昔から、出雲の国（今の島根県）の出雲大社に全国の産土の神が集合して、縁組を決めるといわれてきました。

ちょうど全国では十月を神無月《かんなづき》といって、その月は全ての神社の神さまは会議のために出雲に出向くので、この月は神さまがいらっしゃらないということで神無月と呼びました。反対に出雲では全国津々浦々の神々が出雲大社に来られるので、十月を神在月《かみありづき》と呼びます。

霊学ではこのことは重要なことでして、全国の神社に大小様々な産土《うぶすな》の神がいらっしゃるわけですけれども、その産土システムの実質的なトップは、幽界の主宰神である出雲大社のご祭神、大国主の大神ということになっています。

霊魂の章で紹介した本田親徳の歌に

「霊魂《たましい》の往くも来《きた》るも出雲なる大国主の神のみ定め」

というのがありますが、このあたりの事情を歌にしたものと思われます。

産土システムを行政システムとしてみれば、中央官庁の出雲と、地方行政官としての神社の神々という関係が理解出来ると思います。ただこれは縁組だけのことではなく、日本の国のこと全般を審議して、決裁をし、実行に移すための会議でもあるそうです。

次に私が体験した産土の神の働きについてお話します。

もう三十年以上も前のことです。私が当時勤務していた職場に後輩として配属された男女各二名、四人の後輩たちがいました。ある時、休日を利用して金沢の先輩の処へ、おいしい魚を食べに行こうということになって一泊二日での小旅行を企画しました。

当時から私は神社に参拝するのが好きでしたから、石川県金沢の一之宮白山神社に参拝しようと誘いました。一宮とはその県や郡の最も格式の高い神社みたいなものです。その一之宮が白山神社で、ご祭神は白山菊理姫之大神。私を含め六人で、昇殿して正式参拝をしました。

参拝のあとは、金沢でおいしい魚に舌鼓を打ったことは今でも楽しい思い出の一つです。旅行から帰って数日たったある日、一緒に旅行にいった一人の女性、川田京子（仮名）さんから不思議な夢の話を聞きました。

それは、京子さんが金沢から帰った翌日の夢に現われたそうです。突然、目の前に大きな山々が連なる景色が見えて、ここはどこだろうかと思うと、その山の手前というか下のあたりに、神社の神主さんのような姿をした人がいて、山の頂の方を指さしました。

そこには一緒に旅行にいった男性の一人中田（仮名）くんが見えます。何とはなしに見ていると、その神主のような姿をした人が

「こんど、そなた、この者と付き合う様に手配したから、後は自分でがんばりなさい」

と言われて目が覚めたというものです。

私は面白い夢を見たものだと感心していたんですが、どうやら彼女はもともと中田くんのことを意識していて、白山神社ではそのことをご祈願したようなのです。

男女のことですから成行きを見るしかない。そう思ってしばらくすると中田くんから、実は京子さんと交際することになりました、と報告されました。なんともお蔭がでるのが早いことかと感心した次第です。これなども産土の神の縁結びですね。そしてその後二人は結婚して、中田君の生まれ故郷の飛騨のある町で二人のお子さんと幸せな家庭を築いています。

後でわかったことですが、中田君の実家の近く、ほとんど裏側といっていい処に小さな神社があって、子どもの頃からよく遊び場にしていたそうです。その神社はなんと白山神社だった

んですね。

石川の白山神社は全国にある白山神社の本宮です。いわば総元締めのような存在ですから、たまたま直子さんが白山神社の本宮で祈ったことが、末社である飛騨のある町の白山神社の氏子ともいえる男性と結ばれるという、なんともよく出来た話だと当時しきりに感心した覚えがあります。これを今風に言えば白山ネットワークとでも呼べばいいかもしれません。


このように私達の生きている世界と霊界は見えないところで密接につながっているわけです。ですから一番大切にし、敬うべき存在は地元の産土《うぶすな》の神様ということなんです。でも多くの人はそのことを忘れて、宇宙精神だの、どこそこの神さまだの、何とか宗とかと勝手なことを言い、産土の存在すら認識していないのです。

こんなことでは、日々にお守りいただいている産土の神に申し訳がないではないかと思うのですが、どうもそんなことではないらしいのです。どういうことかと言うと、産土の神さまの働きは、守護する人間の意志に関係なく、淡々と守り導くことがその責務だそうです。

ですから守護している人に信仰があろうがなかろうが、この世に命ある限り、見えないところで見守り続けられることが産土の神の働きなのだということです。

学問の神さまとして有名な菅原道真がこんな歌を残しています。

「目に見えぬ神の心に叶いなば　祈らずとても神は守らん」

神の心に叶うというのは、人としてのこの世の勤めに励むことです。、それが出来ていれば祈らずとも神は守護してくださる、というのがこの歌の意味だと受けとっています。

であればこそ、私は祈ることが大切だとも思います。ある霊能者の先生がこの歌をこう読み替えられたんですが、とてもいい歌になったと思っています。

「目に見えぬ神の心に叶いなば、祈ればさらに神は守らん」

産土の神さまには、日々の感謝を忘れぬように心していただければ、必ずお蔭を実感出来ることがあるはずです。

これは現実社会でも似たようなことがあると思います。たとえば日頃から挨拶をきっちりして、季節の節目には贈り物をするなどの礼儀を弁《わきま》えれば、相手はこちらのことにも目に掛けるわけですから、もし何かあった時は多少の優遇や、何らかの配慮というのはありますよね。

神様とのお付き合いも、人間との付き合いと同様に考えれば難しいことではありません。この世は「移し世」、「写し世」ですから、この世のあり方や我々の考え方も含めて、その原点があります。つまりそれは「かくりよ」である幽界に端を発しています。

霊界にあるものがこの世に顕れるというのが一つの法則ですから、私達が何気なく日常で利用するシステムやサービス、仕事や組織、裁判、刑務所、学校のことなど、人事百般全てにわたる雛形《ひながた》、つまり元の形は霊界にあるのだということなのです。

ですから、この世にあるものは霊界にも当然あるということになります。もちろん一〇〇%まったく同じかどうかはわかりません。でも内容的には同じだと思われます。

霊界と現実世界が「かくりよ」、「うつしよ」という合せ鏡のようになっているということは理解頂けたと思います。

○幽界《ゆうかい》と神仙界

幽界というのは霊学上での呼び方ですので、霊界という言い方でも同じ意味と考えてください。神仙界とは神と仙人のいる世界ということになります。

霊学では神と神仙という分け方をすることもあります。簡単にいえば神なる存在、あるいは神に近い存在ということになります。

このうちの神仙というのは人間が現実界、霊界における様々な試練や修行を経て、タマシイの浄化が進み、カルマの清算も終わったような人のことを指しています。人間がタマシイを磨き向上させて、神仙界に入るのですが、何千年単位の修行期間がかかると言われています。

神仙界というのは霊界の上にありますが、霊界と神仙界には大きな隔たりが存在します。ざっくり分けると霊界の霊は救済される側であり、神仙界の神仙たちは救済する側になります。

霊界には新たな霊界の住人、霊人《れいじん》を受け入れて霊界になじませ、タマシイの進化のための教育や修行の世話をし、よりレベルの高い繊細な霊界へと移行出来るよう支援します。

そのために霊界は厳密なヒエラルキー（階級）と管理体制のもとで組織的に運営されていま

す。この運営や霊界における指導や教育の統括は神仙たちが行ないます。この神仙の指揮のもと霊界での上位の霊人が直接的にかかわってくれます。

また、人間には明確な個性がありますし、能力も様々で、タマシイの進化度合も違います。生きていた時代や国、文化宗教などの違いもありますから、個々別々の対応、ケアというのも当然必要になります。

特に宗教は一旦信じ込むと自分の価値観から抜け出せず、ある程度のレベルからタマシイが進化しません。宗教はどちらかというと苦難の多い現実の世界を乗り切るには救いとなりますが、霊界ではそれが本人の足かせになることもしばしばです。

しかし霊界に来た当初はあまりの環境の変化や、この世で信じてきたことと違う状態に置かれるとタマシイが混乱しますから、宗教ごとに霊界を造ることもあります。でもこれらはいわば仮の世界ともいうべきで、仏教の極楽浄土ならば経典に書いてあるような世界にしてあるだけです。もちろん仏教や他の宗教の死後の世界の描写が全てうそということではありません。ある程度は真実を反映したものではあります。

このような霊界を区分して統括したり、避難所のように宗教信者の霊界を作り上げたりするのは神仙ではなく、その上の神のレベルの存在になります。通常は創造神といわれるレベルの神です。日本ならイザナギ、イザナミの神などがそれにあたります。欧米ではヤーベとかエホバということになるでしょうか。

これはこの世の組織と同じことです。社長がいて、専務、常務、部長がいます。さらにその下に課長、係長、平社員というようにヒエラルキー構造を持っています。

日本の幽界神仙界通じてトップは天照大御神です。

幽界のことは大国主の大神が主宰しますから、会長が天照大御神、執行役員の社長が大国主の大神、専務が事代主の神、相談役が少名彦那の神、地方のエリア部長は全国の一の宮の神、支店長が地域ごとの産土の神、というような系列で霊界を管理運営していると考えればわかりやすいかと思います。

霊界を様々な階層に分けて、管理運営する理由は、人間のタマシイの進化向上のためにその真の目的があります。

最終的に人間はそのタマシイの生みの親でもある神と等しいレベルに到達するのです。仏教でいえば仏となることです。

しかし、それはそう簡単には実現しません。

何回も生まれ変わりながら長い年月をかけて向上していくのです。何万年かいやもっとそれ以上の時間をかけて成就することだとされています。その間にも人間はカルマをつくりますから、場合によっては向上するどころか、人間以下のレベルに転落することもあり得ます。

○人間世界との交流

霊界にいる霊人《れいじん》は類友の法則によって、自分と気線の合う者同士が同じ霊界のエリア内にいなければならないので、自分の意志や希望で勝手に他の霊界にも行けません。

またこの世とあの世には明確な区切り、境界があって、それも自由に往来できません。当然生きている人間の世界に出入りすることも許されません。許されるのは特別な時だけで、通常はお盆や正月、春秋の彼岸といわれる時期の四つの期間に、獄界を除いたすべての霊が一時的に子孫のもとに戻ることが許されています。

許されても自分に子孫がいなければ戻るところはありません。

また居たとしても先祖を祀らない家も多いですから、帰りたくても帰れない、帰っても供養もしてもらえまず、そのあたりをうろついたりするわけです。うろついているところをたまたま霊視が出来る人に見られて幽霊が出た、と言われることもあるわけです。

また獄界にいる霊は、たとえ子孫がいたとしても簡単には帰してもらえません。獄界での刑期のようなものがありますから、獄界を統括する神からの許可が下りないのです。

またこの時期以外にも特別に現世に戻れる場合があります。

それは仏教では年忌法要と言われるもので、亡くなった人のために一年目を一周忌、二年目を三回忌、七年目を七回忌というように故人を偲ぶ法要をします。

この時は特定の誰かのためにわざわざ法要を行い、供養を捧げるので、その該当する霊たちは、その供養を受けることが出来るし、場合によれば生前暮らしていた家に一時的に出入りできます。

この年忌は獄界の霊もその供養を受けることが出来るとされます。

もちろんこの世には戻れませんが、獄界で一時的に休息のようなものを与えられるようです。なぜならばこの年忌の法要は特定の個人ためのものですので、その特定の個人がどこに居ようと関係はありません。

しかしそれらも、ここでいうような様々な条件があって、かつ管轄する神仏に許可された場合ということになります。

それ以外の場合で霊界から人間世界に出入りするのは不法侵入ということになります。霊的憑依のほとんどは霊界の法則に違反しているわけです、つまり幽律違反になります。

○人の心と霊界

霊界には階層があって、それぞれが隔絶された状態にあるということを理解いただけたと思います。

では生きている我々はどこでどうやって、霊界とつながっているのでしょうか？

それは私たちの心の状態というもの、心の在り方というものが霊界とのパイプになっているのです。この心こそ実は霊界そのものといってもいいでしょう。

仏教では十界互具《じっかいごぐ》という言葉があって、これは地獄、餓鬼《がき》、畜生、修羅《しゅら》、人間、天界、声聞《しょうもん》、縁覚《えんがく》、菩薩、仏という十の世界があって、一つの世界の中にあと残りの九つの世界が含まれているという考え方で、例えば人間の世界の中に残り九つの世界が含まれると考えます。

他の世界でも同じ原理です。

これを心の状態として考えるとわかりやすいかもしれません。

人間には悟りを開いたような仏のような心もありますし、他人のために自らを犠牲にするような菩薩のような心もあります。

反対に苦しみと絶望によって自ら命を絶ってしまいたいと思う地獄のような状態もあります。修羅ならば、常に戦い続けなければいられない状態がそうなるでしょう。餓鬼ならば貪り《むさぼ》続け、畜生ならばその名のとおり獣のような生き方になるでしょう。声聞《しょうもん》は学問や修行に励む姿ですし、縁覚《えんがく》は他者との交わりを好まず、一人瞑想にふけるという状態ともいえます。

人がこれらのいずれかの世界が象徴する心の在り方、状態の時にそれに相応する世界とつながるということです。

心が暗く、悲しみや苦悩に満たされていれば獄界にいるのと同じ波長をもった存在とつながるし、心が晴れやかで、幸福感で満たされていれば天界の天国浄土のような世界につながるのです。

○人間界の特殊性

これまで霊界の諸相について述べてきたことは、霊界と現実の我々が生きているこの物質的世界が、別のものだという前提になっています。

しかし、本来は霊界も物質解世界もそれぞれ一つの状態に過ぎないものなのです。

このことを仏教の六道《ろくどう》の世界観をもとに説明していきます。

六道とは仏教の世界観の基本で、人間を含む生きとし生けるものは全て、この六道のいずれかで生れ、またいずれかへ生まれ変わるという考えです。これを六道輪廻といいます。

下から、地獄道、餓鬼道、畜生道、修羅道、人間道、天道の六つで六道です。ここで道というのは世界という意味です。この六道は先に十界互具のところでも少し触れました。

地獄とはこの世で罪業をつくった人間が陥《おちい》る刑罰の世界、餓鬼道は、この世でケチであったり、欲望を抑えられない貪《むさぼ》りの心のままに生きた人間が陥り、その世界では飢えと渇きに責め苛まれ、仮に子孫がその人のために供物をささげても、その供物を口に入れようとすると、途端に火と成って燃えてしまう、食べられない苦しみがさらに増幅することになるそうです。

修羅道とは、戦争状態で死んだものや、怒りに我を忘れて相手を攻撃し、そこから平常な心に戻れないような人間、怨念をもって死んだ人間などが陥る世界で、修羅の巷と言われるように、霊体となっても戦いを繰り返し続けて終わることがない世界です。

畜生道とは、弱肉強食の世界で常に襲われる恐怖を感じながら、あるいは人間によって使役されて生きる世界。

人間道は、まさに私たちの現実の世界のことです。喜びや悲しみが入れ替わり立ち代わりやってきます。老い、病に苦しみ、愛する者と離別し、憎しみ合う者同士が一緒にいたり、なかなか思うようにはならない世界ではあります。

天道は、人間界で他者のために奉仕したり、自他ともに益となるようなことを行なった功徳によって生まれることが出来る理想郷のようなところです。

そこには飢えや病気、戦いも貧困なく、常に楽しい時間を過ごしていられる世界だとされます。この世界に住む住人のことを天人といって、人間を超えた様々な力を持つものもいます。人間というより神に近い存在です。

しかしこの幸せな世界も永遠ではありません。

人間よりははるかに長い時間ですが、終わりがあります。天人五衰《ごすい》といって、これまで汗などかかなかったのに汗をかくようになり、美しい美貌がだんだん醜くなっていくのです。よくアンチエイジングといって、若さや若さのもつ美しさにこだわる人がいますが、どうあがいても年齢には勝てません。

それでもそこにしがみ付こうとする姿はある種哀れでもありますね。でも本人にとっては苦悩なんです。これと同じことが天道ではあります。

このように大まかに六道と言われる階層が霊界では存在するのです。そしてこの六道は全て霊界のことでもあります。

すると人間や動物はどうなるのか？と思われるでしょう。霊学では霊界が本質的な世界であって、我々の肉体のある物質世界は二次的な世界、「写《うつ》し世」という捉え方です。

つまり霊界の中でも私達人間と動物は、例外的に物理的な肉体をもった霊という風に考えると理解しやすいのではないでしょうか。

霊界の中の特殊な世界が人間界で、その特殊性を特徴づけているのが私達の肉体です。霊界では気線が違ったり、タマシイの進化度合によって、階層が違う者同士が交流したりすることが出来ません。しかし人間界は考えや人間としての悟りのレベルが違っていても、関係なく同じ物質世界に住んでいられます。憎しみ合う者同士が同じ屋根の下で暮らすということもあるわけです。霊界ではこれはありえないことなのです。

まさにここが人間世界の特殊なところで、先にも述べた十界互具でも説明した通り、人間はその心にあらゆる階層の霊界を内包していることになります。

それは肉体を持っているが故なのです。

人間に憑依現象が起こる大きな要因の一つが、人間の心が霊界と物質世界の交点にあたるからといえます。この人間の特殊性は、階層の違う霊界の霊的存在が人間の肉体や心を通じて交流出来るフィールドにもなるわけです。

霊界では上位の霊界から、下位の霊界の存在を救済しようとしても上手くいかないのです。

また下層の霊界から上層の霊界へはカルマの浄化や、タマシイの進化がなければ移動できないわけですから、救済を求める霊を救済しようとしてもなかなかできません。

でも下層に居る霊が人間に憑依した場合、その人間から憑依霊を除くという形で救済出来るということがあるのです。霊学では、救済の対象となる霊を生きている人間に憑依させることで、結果的にその霊を救済するという方法を取ることさえあるそうです。この場合例外もあるようですが、ほとんどがその人の先祖ゆかりの霊であるとされます。

我々生きた人間はある意味霊界の縮図であり、救済の斎庭《ゆにわ》であり、救済のフィールドであるといえます。

私が開催しているコンステレーションの現場で多くの霊的憑依が明るみにだされ、救済されていくことはある意味、必然なのかも知れません。霊学では霊的な交流や神との交信をする場所を「斎庭《ゆにわ》」とも「沙庭《さにわ》」とも言います。

これまで述べてきたように霊界には様々な様相があります。

基本はこの世とあの世、つまり我々の住む現実世界と霊界は合わせ鏡のようなものです。この世にあるものはあの世にもあるし、その反対も然りです。また日本には日本の霊界、外国には外国の霊界がやはり存在します。国があるだけ、文化、宗教があるだけとも言えます。つまり霊界は無数に存在すると言っていいものです。

極端に言えば一人の人間に一つの霊界があると言ってもいいかもしれません。

鎌倉物語という映画を見た時、霊界へ連れ去られた妻を救うために主人公が霊界に潜り込むのですが、その時すでに亡くなった両親に会う場面があります。

父親が主人公の横に顔を付けて、「なるほど、お前にはこの世界がこんな風に見えるんだ」というシーンがありました。とても印象に残った言葉です。

霊界や霊界にいる霊の姿、あるいは神や仏という存在も、見る側の個性によって見え方が違うことが多いものです。特定の霊界しか見えない人がいたり、何を霊視してもヘビやイナリに見えるという人もあります。

私自身、情報は情報として受け取り、それについての真偽はあまり深く考えません。その情報からクライアントの抱える問題の本質を導き出せれば充分だと考えています。

そのためには出来る限り幅広い知識が役に立ちます。

そんな思いからこの霊界についての話は随分長くなったかもしれませんが。霊界の諸相を理解する参考にしていただければうれしいかぎりです。

第六章　霊的憑依への対処

霊的憑依への対処

ここまで読み進めて頂いた皆さんの中には、これからセラピストや催眠療法家を目指す方、すでにプロとして活躍されている方もいらっしゃると思います。また身近な人や自分に霊障が現れて、それにどう対処すればよいか悩んでいる方もおられるかも知れません。

結論から言えばこれが絶対に効くという特効薬のようなものはありません。霊的憑依に対処するには、こんな霊障にはこれが効く、こんな場合にはこうするという、いわゆるマニュアルのようなものはあることはあります。でも実際にはそれが効果的でないことも多くあるわけです。

霊的憑依には様々なパターンがありますから一筋縄ではいきません。この際に大切なことは、憑依している霊的存在が如何なるものかを判断することです。何度も述べましたが、これを霊学では審神《さにわ》といい、審神《さにわ》する者のことも同じく審神《さにわ》者と呼んでいます。つまり霊的憑依の対処の第一は、審神《さにわ》することということになります。

ではどうしたら審神《さにわ》が出来るのか。この審神《さにわ》にはかなりの知識が必要になります。その霊は人霊なのか「もののけ」なのか、人霊であれば地縛霊か浮遊霊か?先祖の霊的な縋りつきなのか、怨念霊のようなものか?また仮に人霊であれば生霊か死霊か?さらには生霊や「もののけ」が複合的に絡み合っているものもありますから多種多様です。このあたりのことは、これまで各章に事例を交えながらお話ししてきましたのでそれを参照してください。

また知識が充分あるからと言って、審神者になれるものではありません、審神者になるにはそれなりの才能やある種の霊能力が必要になります。

代表的なものは霊視能力、霊聴能力、体感覚的な霊感などですが、なによりも大切なのは憑依した霊が邪悪な存在であった場合に、それを解決する能力や技術が必要です。私の場合はこの代表的な三つの能力、「見える、聞こえる、感じる」はほとんどありません。あるのは知識と経験ぐらいです。

それでも何とかやってこれたのは、霊的憑依を解決する四つ目の能力が多少あったからと思います。それは霊的憑依に対処する基本原則である、「祓い」と「鎮め」の二つのスキルということでもあります。

○祓《はら》い

「祓い」とは憑依霊を払うことですから除霊に当たります。また除霊の中には、対象とする憑依霊を救済する形で除霊する場合と、完全に祓う場合の二つの方法があります。

前者は第四章で述べた怨念霊の除霊がそれに当てはまります。後者は「もののけ」や邪気を除霊するような場合がそれにあたります。

もし邪悪な霊が憑依していて、それを除霊できない場合にはクライアントに悪い影響が出ることがありますし、稀に除霊しようとしている者にも影響があります。

例えば怨念霊が憑依していたとすると、憑依していることがばれたために、祓われないうちに祟る相手を取り殺そうすることさえあります。

ではその祓う能力はどうしたらできてくるのか？ですが、これもこうすれば必ず出来るようになるとは言えません。

私の場合も自覚はないのですが、今までの経験からして、ある程度それがあるようです。これは資質というものかもしれません。霊が見えなくても言霊《ことだま》の力というのか、法力というのか、そういうものが備わっていれば、自然と出来るものだとも言えます。

私自身のことで言えば、霊能力を得ようとしてかなり努力してきた経緯がありますから、祓える力というものが先天的なものなのか後天的なものなのかは、はっきりしないのです。

ただ言えることは、お経や、祝詞、真言でもしっかりと身に着けて覚えているものが効果的であったことですね。うろ覚えのものや、にわか仕立てのものはあまり効果的ではありませんでした。

これは大事なことで、自分が唱える真言が本当に効果があると、深く信じていると言葉に力が宿るというか、魂がやどるという状態になります。するとそれは単なる言葉の繰り返しではなく、神道でいうところの言霊《ことだま》というものになります。

こんな話があったそうです。

昔、ある片田舎に字は読めないが大変信心深いお婆さんがいたそうです。そのお婆さんは光明真言という真言を教えてもらい、それで自分の病気が治ったことから、この真言を深く信じて、ひたすら光明真言を唱え続けていたそうです。

するとと近在の人達がいつからともなく集まりだし、お婆さんに光明真言をあげてもらうと病気が良くなるという評判になりました。

多くの人が病気直しのために、このお婆さんのもとに押し掛けるようになりました。このお婆さんは誰が来ても、どんな病気でも光明真言だけを唱えます。というかこれ以外知らないわけです。

光明真言というのは大日如来の光が遍く世界を照らし、その光に触れたものはその業苦《ごうく》から解放されるというありがたい真言です。

「おん　あぼきゃべいろ　しゃのうまかぼだら　まにはんどま　じんばら　はらばりたやうん」

このお婆さんはそうこうしてるうちに有名になりました。この噂を聞いたある僧侶が、そんなのはインチキであろう、自分がいって嘘を暴いてやると意気込んでお婆さんの処に行きました。そこは黒山の人だかりで、誰もがお婆さんを信じて熱心に光明真言をあげていました。しばらくしてこの僧侶は、お婆さんの信心が本当に純粋ですばらしいことに気づき感動したそうです。

感心した僧侶は人がいなくなった後、お婆さんに面会し、お婆さんのことをたいそう褒めたそうです。ただ一つ気になったことは光明真言のある部分が間違っていることでした。そこで親切心からその間違いを指摘して正しい真言を教えたそうです。

間違いを指摘されたお婆さんは驚いて、恐縮してすぐに間違いを直して真言を覚え直したのですが、それ以来あれほど出ていたお蔭というか効果が全くでなくなったということです。

この話が本当なのか作り話なのかはわかりませんが、実に重要なことが込められています。お婆さんは信じ切っていたのですね。この光明真言が効くのだと強く思っていた。ところが間違いを指摘されたことによって、お婆さんは戸惑い、自信を無くしてしまったのです。

よくあることですが真言をあげる時、間違っていないかどうかが気になってしまって集中できないことがあります。そんな時は自分でも何を言ってるのかわからないわけです。こんな状態ではまさに言葉の繰り返しで、言霊とはいえませんね。

唱えるお経、真言、祝詞などが言霊としての力を持つのは、そのお経や、真言、祝詞にこめられた意味や内容を深く信じることから生まれるのです。

ですから皆さんは、霊的憑依の場面に出くわして、ここ一番、いざという時に使えるように何か一つでも覚えておけばいいのではないでしょうか。

私自身は、般若心経、光明真言、不動真言、天津祝詞、天の数歌なんかを繰り返して使います。自分の力というよりも言霊《ことだま》の力を発揮しているという感覚と、目には見えないが必ず神仏が守護してくださる、力を貸してくださると信じて、お経や真言を唱えてます。

集中して真言を唱えていると、その真言の本尊である不動明王と一体になったかのような感覚になることがあります。仏教ではこれを三密加持といいますが、もっと身近な例でいえば、自分自身が電波の受信器になると思えばいいです。

電波の受信の状態が良いか悪いかで受信出来る内容も変わりますよね。

これと同じで自分自身に迷いや、恐怖心があれば受信状態は良くないわけです。その反対に雑念がなく、神仏に対する深い信頼に基づいた、ニュートラルな状態が良い受信状態になります。良い受信状態であるからこそ、その言霊《ことだま》には自分だけの力ではない神仏の力が宿るのです。

あまり長いお経などは使いません。もし間違ったり、詰まったりするとそこに気を取られてしまうでしょう。もちろん完璧に覚えていればどれだけ長くても問題ありません。

仏教の宗派で日蓮宗という宗派がありますが、そこの行者さんは百日間の荒行をします。その間睡眠時間は二〜三時間でひたすらお経を唱えたり、九字を切ったり、酷寒の中、一日に何度も水行をして修行をするそうです。

この期間は完全に外部との接触を断たれ、その過酷さのため時には亡くなる方さえあります。これぐらいやれば完全に暗唱できますし、覚悟も出来て腹も据わってくるはずです。

大切なことは先ず覚悟があって、唱える真言やお経に集中することです。そうすれば自然に言葉に威力が備わり、言霊《ことだま》としての霊力が作用するようになります。これが祓い、除霊の能力ということになります。

○鎮《しず》め

「鎮め」とは鎮魂《ちんこん》とか慰霊《いれい》という言葉で表現されるもので、憑依霊を慰める、あるいは要求を聞いて望むように対処することで、凶悪なものを凶悪でない状態に変えることができます。

仏教では供養がそれにあたるでしょう。神道では慰霊祭という形になります。いずれにしても霊を讃えたり、追悼したりしながら、供えものをするということでは同じ行為になります。

○鎮魂《ちんこん》と慰霊《いれい》

鎮魂とは神や死者の魂《たましい》を鎮《しず》めることですから、魂《たましい》を慰め穏やかな状態にすること、また私達自身の内にある魂を鎮めることも鎮魂と呼んでいます。

霊学では自身の内なる魂を鎮めて、高位の神を自らの身体に降臨して頂くことを「鎮魂帰《ちんこんき》神《しん》」とも呼びます。

ここでは死者の霊を慰めたり、癒したり、また荒ぶる神を、鎮めて穏やかにすることの意味で鎮魂と言っています。

では慰霊はどうかというと、ほぼ同義語なのですが、本書ではあえて鎮魂と慰霊に分けています。

慰霊は人間の霊に対してなされ、慰霊された霊は慰められることで穏やかになり、やがて悟りを得て霊界でのカルマが尽きた後に、より良い霊界へと救済されていくと考えています。

これは仏事でなされる回忌法要、神道ならば年祭がそれに当たると思います。

先祖の霊が子孫にすがりついて自身の窮状を訴える、縋りつきのような場合も、これら回忌法要のような慰霊法要が有効です。

例えば獄界にいる先祖の霊と気線が繋がってしまい、その獄界の先祖霊と似たような苦しみを感じたりします。例えば極寒の獄界にいる霊なら悪寒や極度の冷えを感じたり、焦熱《しょうねつ》の地獄ならば冬であろうとやたらに寝汗をかいたりします。

先祖霊の縋《すが》りつきでも、酷《ひど》い場合は病気を発症したり、思わぬ事故やケガなどに見舞われ、大変な目に遭うこともあります。この場合、縋《すが》りついている先祖霊は自分のせいで子孫が苦しんでいることはほとんどわかっていません。

地獄ではなく、それなりの霊界の中にいる先祖霊の中には、この世への思いが強く常にこの世の子孫や、家のことなどを気に掛けている者もいます。

そんな先祖で、子孫のしたことが許せない場合などは、戒めとして冥罰《めいばつ》を与え、子孫を病気にすることもごくまれにはあります。

例えば墓を壊したり、先祖代々続いている伝統を止めたり、タブーにしてきたことを破ったりした場合などがそれに当たります。これを冥罰《めいばつ》とも呼んでいます。

この冥罰の場合は慰霊とともに、頭を下げて詫《わ》びる必要があります。つまり許しを請うということです。そして先祖が続けてきたことを出来るだけ続けていくという形での供養や救済の措置を取る方が効果的です。

ここでいう先祖霊は憑依しているというより、先祖霊自体は通常獄界や霊界にいて、気線がつながっている状態、今でいえばオンラインで繋がっている状態ですから、肉体、霊体に入り込んだものを祓うという除霊のカテゴリーには入りません。

先祖霊のさらに先祖にあたる遠津御祖《とおつみおや》、遠津神祖《とおつかんおや》の計らいで、獄界の先祖霊救済のために一時的に子孫の身体に取りつかせることもあります。この場合は獄界の先祖のさらに先祖にあたる神祖《かんおや》が、子孫である獄界の霊を救うために、さらにその下の子孫である生きている人間にあえて獄界の先祖霊を憑依させるのです。

憑依された人は体調不良や一時的に病気になることもあります。しかし先祖霊を救済してくれる人物に巡り合ったり、霊能者から年忌法要を勧められ、供養や慰霊することで先祖霊が救済されて、憑霊状態から抜け出ることが出来ます。私の経験の中では、このパターンが意外に多いようにも思います。

「もののけ」の中でも、イナリ霊は払われた振りをして、ほとぼりが冷めるとまた戻ってくるようなものもいます。このイナリ霊というのは、たいていは稲荷神社として祀られていたものが、その後、壊されたりして居場所を無くして憑依していることが多いものです。祓われても行く場所がないので、戻ってきたり、別の人に取りついたりします。本来は神の眷属《けんぞく》、使いであった霊的存在ですから、遣わされた神の御元《みもと》に送り返すことが、イナリ霊にとっても憑依された人間にとっても一番の救済策になります。そうすればもう憑依しませんから。

どんな小さな祠でも祀られている限り、そこには何らかの霊的あるいは神的存在がいます。たいていは神の眷属として働く存在で、稲荷神社ならキツネの姿をしたイナリ霊と呼ばれるものです。神社によってはそれぞれの眷属も違いますから、ヘビや猿、狼というのもあります。

このような眷属の霊体が祟っている場合ですと、基本は「もののけ」と同じ扱いになるのですが、出来る限り元の親神《おやがみ》のもとへ帰ってもらうのが一番よい方法です。

○大切なことは覚悟

これも昔の話です。

四国のある神社の息子さんが神主になるための修行を終え、実家を継ぐために都から帰って来ました。すると近くの村に住んでいる女性が狐憑《きつねつ》き（イナリ憑《つ》きともいう）になって暴れたり、悪態をついたりと、どうにもおさまらないのでイナリ霊の除霊を依頼してきたそうです。

イナリというのは、漢字では稲荷と書きます。京都の伏見稲荷大社がその総本宮で、穀物の神さまである宇迦之御魂《うかのみたま》の大神を祀っています。その神様の使いがキツネです。稲荷の神にお願いごとをすると、神様はその使いであるキツネを派遣して願いにこたえてくださるという考えです。

イナリ憑《つ》きという場合は、この神の使いであるキツネが人間との間でトラブルを起こして、供物を要求したり、人間をからかって喜んだりしたりすることを言います。

神様の使いがどうしてそんな悪さをするのかというと、イナリ霊は霊体ですがキツネの姿をしているので、ある意味動物的傾向を持つのです。もちろん生きている本当の動物よりは知性があります。しかし発想が動物的であるため、人間のように空気を読んだり、忖度《そんたく》したりということはあまり出来ません。

イナリ霊による祟り現象の多くは、これまで稲荷の神を祀っていたが、世代が変ったり、環境の変化で、これまで祀っていた稲荷の祠や祭壇を祀らなくなったような場合にイナリ霊が怒って、その家の関係者に憑依をして苦しめるのです。

では話をもどして、父親の神主は帰って来たばかりの息子に、イナリ憑《つ》きの落とし方、つまり除霊の方法を詳しく教えて、狐憑きの除霊、俗に「イナリ落とし」にいかせました。教えられた通りにやってみると、イナリ憑きの女性は、大声で笑いながら「そんなものが効くわけがないだろうが、はっ、はっ、はっ、はっ」と全く相手になりません。次の日もまた次の日も、何度行っても同じで、いつまでたってもイナリ霊は居座っています。

若い神主は自信をなくし、途方にくれ、父親にそのことを相談します。すると父親は自分の部屋に息子を呼び、大切にしまってあった箱から、一振りの脇差を取り出してこういったそうです。

父親の神主「お前にキツネ落としの法を授けたが、ここまできてもだめならばしかたがない。
　　我が家に伝わるこの刀は、このような場合に使うようになっている、お前に預けるからこれでそのイナリを切り捨ててこい」

息子の神主「イナリをどうやって切り捨てるのですか？」

父親の神主「簡単なことだ、次にいってまた今までと同じようなことであったなら、この脇差を抜いて一思いにその女を殺すのだ」

息子の神主「え！…本当ですか？」

父親の神主「お前がここまで、イナリに馬鹿にされて、何の効果もないことは、我が家の恥であるから、その女ごとイナリを切り伏せるのじゃ、よいな…。そして切り伏せた後は、お前もその場で、この刀で切腹せよ。それが最後の手立てじゃ、よいか、迷うな」

ときつく厳命された息子は覚悟を決め、重い脚を引きずりながら最後の決戦に出かけました。

そして、イナリ憑きの女の家の前に来て玄関を開けた瞬間、奥の間から「ぎゃー…」という叫び声が聞こえ、イナリ憑きであったその女性は気絶してしまいました。家のものが心配して様子を見ていると、しばらくして目が開き、何事もなかったかのようにきょとんとした顔で周囲を見渡していたそうです。

これでイナリ霊は取れたのです。この話もどこまで本当かはわかりませんが、霊的憑依に対する対処法の真髄を語ってくれています。

それは何か?イナリ落としの法でもなく、言霊《ことだま》でもなく、最後にイナリ霊を祓ったもの、それはこの若き神主の「覚悟」のなせる業《わざ》だったのです。

この覚悟があって、揺るがぬ神仏への信頼、そしてどのような霊的存在であっても、話合いが可能なのだという前提をもって、言霊の力にて「言向《ことむ》け和《やわ》す」というのが霊的存在への対処の根幹になります。

○言向《ことむ》け和《やわ》す

「言向け和す」ということは、相手の要望を聞いたり、こちらの思いを伝えたりしながら、最終的には相手がこちらの思いを理解して、これまでの考えや思いを翻して、改心してこちらに要望に従うということです。

セッションの現場でクライアントの人格が変容して、憑依現象が明るみに出た場合、この「言向け和す」ということがとても大切です。それは憑依霊との対話であり、ある意味交渉ともいえるものです。

単に相手の言うことを聴くだけではだめです。相手の言うことも聴くが、こちらの要望もはっきりと伝えねばなりません。この場合此方《こちら》の要望というのは、クライアントの肉体、霊体から出て行ってもらうことになります。

対話というより交渉に近いと考えれば間違いありません。交渉ですから時と場合によっては、強気に出て相手側を責め立てることも必要になってきます。

また対話しているうちにその憑依霊が何者なのかもわかる場合がよくありますから、審神《さにわ》のためにもまずは話を聴き、出来る限り情報を収集することです。

このことについては、第三章や第四章の怨念霊での実例を参考にしていただけるとわかりやすいと思います。要は相手がどのような存在であっても誠心誠意対応して、可能な限り話し合い交渉しながら応じられる要求には応じていくことです。

言向け和すといっても、相手の言うことを一〇〇％聴くわけでもないし、またいくら説得してもダメな場合もあります。

神道の「大祓い」という祝詞の中に「神問わしに、問わし給い。神祓いに、祓い給う」という一説があります。

これは日本の国を天照大神の天孫《てんそん》である皇命《すめらみこと》をもって治めると決めたが、それでよいか？何か不服は無いか？ということで、もともといた神たちに意見を聞いている訳です。それである意味民主的に皆が賛同したので、この国は天孫が治めることになったけれども、どうしてもそれに従わない場合は、「祓いに祓い」ということで追放するということです。

結局は追い出すのか、と思うかも知れませんが、祓う前に「問はしに問はし」とありますから、基本はこの段階が「言向け和す」ということになります。

これもあるクライアントの事例になります。

三井久美子さん（仮名）

二十代の女性で、幼児期に虐待の体験があるため対人不安、いわゆる対人恐怖症で、解離性人格障害、多重人格があってセッション中に急に子どものような人格になって泣き出したり、怖がりだすことが何度もありました。時にはまるで別人のようになって怒号を発しますが、人格が変わっている間の記憶は本人にはありません。

そんな久美子さんがある日、いつもとは違う人格として話だしました。しばらく聴いていると私の経験上の勘からすると何かおかしい、本人の別人格なのだろうか？という疑問と、話す内容にたいしての違和感が拭《ぬぐ》えませんでした。そこでこう言って試してみました。

私「お前、さっきから偉そうに話しているが、久美子さんとは違うな？どこから来た？
どうしてここにいる？」

と矢継ぎ早に質問しました、すると

久美子さん「何をいうか、お前にそんなこと言われる筋合いはない。こいつは俺のもんだ」とこう言います。

ここでほぼ何らかの憑依霊であろう、それもおそらく「もののけ」の類かと判断したので、人間の体に憑依するとは幽律に反すること。また何か望みがあるのならそれを言う様に諭しました。

ところがいくら説得しても聞く耳を持たない、まるで馬耳東風です。どうしても久美子さんから離れようとしませんでした。それでこれは強制的に追い出すしかないと判断したのです。

私「この身体は久美子さんのもんで、お前のもんではない、さっさと立ち去れ、
さもなくば強制的に追い出す」

久美子さん「ふーん…、何のことかな…、さっぱりわからんわ」

仕方がないので、私は印を結んで九字を切り、真言を唱え出しました。

すると全く動じず、馬鹿にした感じで真言を聞き流しています。それでも負けじと唱えていると、「違う、違う、そんなもんでは効かんのじゃ…、ははははは」とせせら笑われました。

そこで真言でだめなら、祝詞、これもダメで、般若心経、と次々に唱えるのですが、悉く効果がない様子です。相手は調子に乗って私の唱える声に合わせて手踊りをしだします。一時、手だけを使って踊るパラパラダンスが流行ってましたけど、そんな感じでこちらをバカにしたように手を振り回します。

これを目の前でやられると、かなり焦ります。自信も喪失し、もう手の打ちようがないし、何を唱えてもダメですからこちらもネタ切れです。

しかしこれが霊的憑依であることは、ほぼ間違いないだろうと判断できました。この霊はおそらく「もののけ」の類《たぐい》であろうと思われましたので、祓うしかありません。かなりの時間をかけてねばりましたが、一向に効果がありません。ますますつけ上がっていく始末です。

私も人間ですから、焦りで集中力が無くなり、まさに言霊《ことだま》の力を失いかけていました。まんまと向こうの術中《じゅっちゅう》にはまったのです。おそらくこの霊はそこが狙いなんですね。

私も多少イラッととしたので、唱えるのをやめてこう言いました。

私「よいか、そなた、人間の肉体に取りつくことは幽律を破る罪であるぞ、憑いておることがばれておるのに、そのように居座るなら、考えがある。
そなたを冥界の討伐官に引き渡して、そなたの魂を刑罰地獄に落とし、その魂もろとも消滅させるぞ、よいのか」

まあこれは少し言い過ぎです。魂消しの裁定は人間の私のすることではありません。あくまでも神のなさる判断ですが、この時は少しイラついていたのか、口から自然に出てしまったんです。

すると久美子さんは急に形相を変えて

「何をいうか、そんなことは絶対に許さんぞ、何でそんなことになるのじゃ・・絶対にそんなことは認めんぞ…、そんなことは許さん、お前を殺してやる」

と言った瞬間立ち上がり、まさに私に拳《こぶし》を振り上げようとしました。

私も反射的に立ち上がり身構えました。

久美子さんは「う…」という唸り声をあげて睨みつけます。格闘になると思ったのですが、ふと久美子さんの両手に目をやると、拳《こぶし》は握っているものの、両手は腰のあたりで小刻みに震え続けています。

これを見た時、この腕の硬直した震えは、私に対しての攻撃を抑制しているのではないかと思いました。なぜかというと、久美子さんの意識、潜在意識レベルでは、他者を攻撃してはいけない、この場合はセラピストに対して攻撃してはいけないという良識、わかりやすく言えば人を攻撃しないという強いプログラムがあるからです。

ということは無意識的ではあるが久美子さんは私の味方をしてくれていると考えてもいいわけです。

私は少し乱暴ですが思い切って自分の右手の平を、久美子さんの額に当てて、そのまま力ずくで椅子に座らせました。同時に手を額に当てたまま再び真言を唱えます。すると久美子さんに憑依している霊が

「何をする、やめろ、やめろ」

と叫び出しました。

理由はわかりませんが、憑依霊を祓う時にクライアントの額に手を当てたり、手をかざすだけでも憑依霊は嫌がることがあります。嫌がっているのですから効果があると判断し、粘り強く真言を唱え続けました。

しばらくすると暴れなくなり、静かになりやがて意識が遠のいたのか眠ったかのように静かになりました。そこで天の数歌という祝詞を唱えて警蹕《けいひつ》を何度も繰り返し、霊を送り出しました。

しばらく様子を見ていると、久美子さん本人が目を開けて、夢から覚めたような顔をして私をみます。本人であるかどうかを確認して、これまでのことを覚えているかを確認すると、覚えていないということでした。

久美子さんは、その後、憑依霊現象が起こることは無くなり、次第に安定され社会生活も順調に営めるようになったので、セッションを打ち切ることにして一応無事に終了しました。


この例のように憑依霊はこちらの霊力を弱めようとして、こちらが戸惑ったり、怖れたり、または驚いたりするようなことを仕掛けてきます。私達は人間ですから多少怖くもあります。それは仕方ないことです。ただこれは私達の集中力を弱めるための憑依霊の作戦だということなのです。

昔、まだ車も何もなかった頃、人は自分の足だけで目的地を目指さなければなりませんでした。時には人気のない山道を越えていくこともあり、時刻が夕闇迫るころともなれば俗に「逢魔《おうま》が時」といわれ狐に化かされたり、恐ろしい目に遭ったりすると言われていました。もし狐に化かされたらどうしようかと不安になったら、木の切り株や石の上に腰を下ろし、煙草を一服吸えば狐に化かされることはないのだと古老から聞いたことがあります。

これはどうことかというと、煙草を一服吸うことによって、落ち着きを取り戻して、冷静な判断が出来るようになる、そうすればもう化かされることは無いということなのです。

除霊で大切なのは冷静であることです。

柔軟に考え、相手をしっかり観察していれば何をするべきか、自然にわかってくるものです。どんな場合も慌てず騒がず、腹を据えて、やはり覚悟を決めて取り組むことが大切です。

○御霊《ごりょう》信仰と産霊神《うぶたまのかみ》の掟《おきて》

次に鎮めの中でも特別な法則をお話しします。

それは「産霊神《うぶたまのかみ》の掟《おきて》」と呼ばれるもので、鎮魂の根本法則ともいえるものです。この考えかたは古来から日本にあったものです。そこで日本の鎮魂の原点ともいうべき、御霊信仰と合わせて説明していきます。

日本における霊魂観のベースにあるものは、森羅万象のすべてに霊魂が宿るというシャーマニズムです。これは現代でも生き続けています。

昔テレビのＣＭでもったいないことをすると、もったいないお化けが出るぞ、というのがありました。このお化けのことは江戸時代からあって、百鬼夜行図《ひゃっきやこうず》という絵に多くの妖怪が描かれており、これは付喪神《つくもがみ》といいます。

この付喪神《つくもがみ》は、人が長い間使用していた古道具にタマシイが宿って、それがモノノ怪《け》になるという考えです。

道具にも魂が宿るわけですから、自然に存在するあらゆるものにもタマシイは宿ることになります。古い樹木、井戸、山、川、大地、田んぼや家屋敷など、ありとあらゆるものです。

古来神というのは隠身と漢字でかいて『カクリミ』と読ませたそうです。つまり隠れて見えないものではあるが、確実にその存在はそこにあるものという理解でしょうか。

また神という漢字もタマシイとも読むことができますが、魂《たましい》は人や何かに宿るもの、あるいは本来そこにあるもので、神はより大きな存在に宿るもの、あるいは元から存在している何か偉大な存在、欧米のスピリチュアルの世界では、グレートサムシングという言い方をよくしますね。そんな理解でもいいと思います。

日本では、山の神は春になると人の住む村落へ水と共に下り、田んぼの神になり、人々に恵《めぐみ》を与える。秋の収穫によって実りを得た人々は、神に感謝して神を再び山に送る。もし、災害や疫病があれば見えざる霊的存在、神の祟りであると理解して、その神が祟る理由を突き止め、問題点を改善するという選択をしてきました。

自然に起きる予知できない事柄を、神という見えざる影響力として象徴化し、それを自然の循環に組み入れることによって、人は見えざる霊的存在との関係を保持しながら、安定的な生活システムを構築してきたのです。

このシステムを『御霊信仰《ごりょうしんこう》』と言います。御霊信仰《ごりょうしんこう》の嚆矢《こうし》となる話は、古事記・日本書紀にも書かれている崇神《すうじん》天皇の代に起きた疫病です。これは奈良に都があったころに、疫病《えきびょう》が流行して多くの人が亡くなりました。時の天皇であった崇神《すうじん》天皇が自ら祈り、その夢に神のお告げを得たのです。

その夢には今の奈良県桜井市の三輪山に鎮まる神、大物主《おおものぬし》が現れて、この疫病の原因は大物《おおもの》主《ぬし》自身のなせる業《わざ》であると告げます。この大物主《おおものぬし》は、出雲の神である大国主の神が、目に見えない世界、幽界、『かくりよ』とも呼ばれる世界を主宰し、天孫《てんそん》を陰から支えるために、奈良の三輪山に鎮まったとされる神で、またすべての『もののけ』を支配する神ともされています。

そしてこのたびの疫病《えきびょう》は、この三輪の神、大物主《おおものぬし》の神の祟りということです。ここでなぜ祟ったのかは、詳しく書かれていませんが、天皇は早速この祟りの当体である三輪の神、大物主《おおものぬし》を祭ります。多くの供物を備え、祝詞を挙げ、神楽（音楽や舞）を催して、神のご機嫌をとるわけです。

これは鎮魂、慰霊ということですね。通常はこれで祟りは収まるのですが、この場合は収まりませんでした。天皇は困り果てたのです。すると今度は、祭りの祭主《さいしゅ》を大物主《おおものぬし》の血筋を引く者にやらせるようにとのお告げがあり、その子孫はオオタタネコという者であるとわかりました。天皇は彼を探して祭主《さいしゅ》にして、再度祭りを行なうと、疫病の流行は収まったという話です。

ここで重要なポイントは祟り神が、自分の子孫に祭らせるように要請しているところです。これを人間のレベルで言えば先祖供養ということになります。時と場合によりますが、鎮魂、慰霊にはこの血筋を引いている、引いていないということは大切です。

この話からわかるように祟るような存在は、お祭りをする、鎮魂、慰霊によって祟らなくなるということです。実にシンプルなことなのですが、これが御霊信仰の核心部分です。ですからどうしても祓えないような場合は、その霊的存在を祀り上げることによって、祟りを鎮めるという対策を取るのです。

怨霊化した霊的存在は、その存在がそこにある限り、生きている人間に仇《あだ》なす存在になります。どこかで慰霊して、その怨念を解除していく必要があります。この怨霊を御霊化《ごりょうか》する作業が祀るということです。この祀るという漢字は、慰霊《いれい》を主に意味する祭りと違って、神としてまつり崇《あが》めるという意味があります。

この考えは、御霊信仰を前提として成り立つものですが、古来より陰陽師の間では、『産《うぶ》霊《たまのかみ》神の掟《おきて》』として、治まらない祟りがある場合に利用される手段とされていたそうです。つまり祟っていた霊的存在を祀り上げて、逆に守護する存在に変えるという方法になります。

陰陽師の先生によれば、『霊というものはルール、法則に従うものなので、どんな霊でも『産霊神の掟《うぶたまのかみ》』によって、祀られれば祟ることが出来なくなるのです云々』ということらしいのです。

最初にこれを聞いた時は、正直驚いたのですが、中世の文献にもそのような内容が記録されてあったり、また私自身もこの『産霊神《うぶたまのかみ》の掟《おきて》』を利用して、何度か困難な霊障の問題を解決したこともあるので、これはとても重要な法則であることは間違いありません。

このように産霊《うぶたま》の法を含めて、御霊《ごりょう》信仰というシステムによって、先祖霊の慰霊や祟りの解除、怨霊《おんりょう》の御霊化《ごりょうか》を行なうことが、古来より霊的影響をもたらす霊的存在とのかかわり方の一つであるということです。

これもあるクライアントの例なのですが、山崎博美（仮名）さんは実家を継いだ姉との間にトラブルがあり、そのことで精神を病み相談に来られました。

実家の姉は境界性人格障害らしく、子どもの頃から姉に虐げられ、いわば一種の恐怖症のような状態になっているということでした。

現在でも姉に対する恐怖心が拭《ぬぐ》えず、自分が実家を離れた今でも、悪口雑言を浴びせられ、ことある毎に実家の母の面倒をみるように強制される。実家に呼び出されることが苦痛で仕方ないのに、恐怖でコントロールされているのか、姉の言うことに逆らえない。

なんとか姉や実家の母親との関係を改善できないものかと、コンステレーションを立てました。すると姉の代理人におかしな動きが出てきました。まるで相撲の関取のような座り方、蹲踞をして両手の肘を横に張り、その両手を身体の前で上下に動かしながら、あちらこちらに動きまわりだしました。

代理人にどうなっているのかと聞くと、何もわからないが、とにかく動きが止まらないということでした。これは「もののけ」であろうと思い、祓いのため祝詞を奏上したのですが、あまり効果がなく、かといってお経も真言も動きは収まったものの効果的ではありませんでした。

山崎さんの実家には精神疾患の方や天逝《ようせい》（若くして死ぬ）、などが多いこともわかっていたので、かなり強い怨念霊かと判断していたのですが、動きが少しおかしいというか、人間的でもないし、他の「もののけ」でもあまり見たことのないような動きで、かつ強烈な怒りの感情を表してもいません。もしかしたらその土地に古くからいる地主《じしゅ》の神が、祀られなくなり、祟り神となり妖怪のような状態になったのかも知れないと判断しました。そこで動きからして蜘蛛《くも》のようなので、仮に「土蜘蛛《つちぐも》」だろうとして、祓うのではなく鎮めることを選択しました。

つまり『産霊神《うぶたまのかみ》の掟《おきて》』によってその家の守護に祀り上げようということです。

会場は研修センターの一室なので、きちんとしたお祀りが出来るような状態ではありませんが、とりあえずそのあたりにあるもので、形を取り繕《つくろ》いました。

受講生用に置いてあるおやつのお菓子を前に並べ、お酒を用意したかったのですが、手に入らないので紙コップに水をいれて、お酒の代わりに土蜘蛛の代理人の前に置き、これより神として敬い祀る故にこの家と住人を守護するように言上し、祝詞をあげて供えた菓子を一つ、水を酒として飲み干すように促しました。

すると代理人は水をお酒とは思えないという感じで、しばらく沈黙していたのですが、何とかお酒と思って飲んでもらうように説得すると「うん…で、あるか」と言うやいなや一気に飲み干しました。

こちらが捧げたものを、その契約（ここでは家の守護）と共に飲み干したわけですから、ひとまずは安心しました。霊的存在というのは先にも言ったようにルールに従うもので、いったん約束したことや、契約したことは守ります。あえて言えば、破るのはいつも人間側といっていいでしょう。人間側が破るのでトラブルが起こるといってもいいかも知れません。

これでいったんコンステレーションを閉じて、博美さんにはしばらく様子を見るようにしてもらいました。

約半月後にセミナーがあって彼女がやってこられました。状況を聞くと、セミナーで働きかけを受けた一週間後に実家に行くことがあったけれど、以前のような何とも言いようのない重苦しさや恐怖感は感じなかった。姉との関係は相変わらずではあるものの、脅迫的な要素は随分なくなり、適当にかわしながら、上手く相手が出来るようになったという報告を受けました。

その後も数年セミナーに通いながら心理の勉強を続けられたのですが、それ以来、実家は落ち着きだして、悩むことはなくなったそうです。

これは彼女の実家の土地に古くからいた「もののけ」を『産霊神《うぶたまのかみ》の掟《おきて》』を使って祀り上げて、その家の守護神的存在に変えたわけです。これも鎮魂の一つです。祓うのではなく祀り上げによって「和《な》ご鎮《しず》め」祀ることができた例です。

○霊的憑依に対する対処法のまとめ

これまで説明してきましたが、霊的対処の方法の基本は審神《さにわ》になります。審神はその霊体がどのようなものであるかを見極めるためにどうしても必要な作業になります。

審神ができれば、その霊体にどのように対処していくかという、大まかな「見立て」ができます。「見立て」とは病気の原因などを突き止めて、その病因に効果的な処方をする時に使われたりする言葉ですが、心理療法でも同じように使います。この「見立て」ができればあとは具体的な作業に入っていくことになります。

具体的な作業の始めは「言向《ことむ》け和《やわ》す」ことです。これは例えその霊体がいかなるものであっても、憑依するにはそれなりの事情があるわけですから、まずはその憑依の理由や経緯を聞くことから始まります。理由や経緯を聞いて、かつその霊体の求めるものをこちらが用意出来るのならば用意することも必要になります。

そして相手の要求を聞くと同時にこちらの要求も通していくことです。こちらの要求はつまるところ憑依している人間あるいは特定の領域から離れて、往くべき世界、帰るべき世界に往ってもらうことです。

「言向《ことむ》け和《やわ》す」というのは現代的にいえば、話し合いですし、交渉するということになるでしょう。交渉ですから相手が納得してくれるような説明も必要です。ですからこちら側としては霊魂や霊界の仕組みや、幽律（霊界の法則）を知っておく必要があります。

交渉とはいえ常にこちらの言い分が通るということではありません。相手側もどうしても譲れないこともあります。この場合は、こちらの説得に応じずに憑依し続けることがそれに当たります。

そもそも生きている人間に憑依することは、幽律として禁止されているわけですから、話し合いに応じないとなれば、そこから出て行ってもらうしかないわけです。ここが「祓い」になります。交渉決裂ということになれば、そこは断固として祓うことになります。祓う際には、こちらは幽律を守っていますから、幽界を所轄する神々に守られていますので、威厳と自信を持って祓うようにします。

祓いの方法は先にも述べましたが、暗記しているお経、真言、祝詞などを使うことです。憑依霊が離れていくと見なした時には、天《あめ》の数歌《かずうた》と警蹕《けいひつ》によって送霊します。

天の数歌「ひとふたみいよ　いつむゆななやここのたり　ももちよろず」又は「ひとふたみいよ　いつむゆななやここのたり　ふるべゆらふるべゆらゆら」と三回ぐらい唱えて、三回目が終わったら「お～～～～～」と息の続く範囲で警蹕《けいひつ》をあげます。警蹕は一回でも充分ですが、私は三回くらいしています。

この時、警蹕の「お〜〜〜〜〜」という間、心の中では霊体が遠くに去っていく、あるいは救済されて光とともに霊界に旅立って往くというようなイメージをしながら、送霊することが大切なポイントです。

またこの天の数歌と警蹕は霊を送るだけでなく、クライアントが出している生霊を本人の所に戻す際にも使います。

やり方は同じですが、イメージは本人の生霊が、遠くからこちらにもどってくるようにイメージしながら「お〜〜〜」と警蹕をします。そして戻ってきた生霊、つまり分魂を本人の胸のあたりに戻して、欠けていた部分が埋まって本来のタマシイの状態になったとイメージします。このやり方はインナーチャイルドのワークの統合の応用編みたいなものです。

祓い、除霊で対処できない、あるいは祓う対象ではない霊的憑依は鎮めることになります。先祖霊の縋りつきには慰霊が必要ですし、冥罰、イナリや、他の神の眷属の祟りであれば先ずは詫びることです。先祖がしたことなら、クライアント自身が先祖に成り代わって詫びます。また祠や社の再建をするというのも鎮魂になります。再建が難しければ、親神の御元《みもと》に送り返します。

そして鎮めの最後の切り札は「産霊神の掟《うぶたまのかみおきて》」です。

この法則は祓い、鎮めを通じて、どうしておさまらない場合に使えます。ただ多少の形式的な供物は必要です。

ここに述べた法則を実際に行なう時には、先ず覚悟を持って事にあたることです。言霊の威力によって「言向け和す」ことで、霊的憑依に対処します。

そして自分だけの力ではないと深く認識して祝詞なり真言を唱えることです。必ず神仏の力添えがあります。

そのためにも日頃から、自分の産土の神、信仰している神仏には能々《よくよく》お祈りやお参りを欠かさないようにしておきましょう。

これも神仏と自分の距離感を縮めるために必要です。神道では神人合一《しんじんごういつ》ということを言います。神と人とは本来一つのもの、それは仏様でも同じです。見えざる神仏は大きな心で人間や社会を癒し、導こうとされます。そこには救済の慈悲があり、改心したものには再びチャンスを与えてくださいます。

私の好きな言葉ですが、「この世を造りし神直日《かんなおひ》、心も広き大直日《おおなおひ》、ただ何事も人の世は直《なお》日《ひ》に見直せ、聞き直せ、身の過《あやま》ちは祝詞直《のりなお》せ」とあります。

神仏の救済の働きが、私達人間を通して行われるという認識、人を通して神が神業《しんぎょう》を行なうのだという信念こそがこの霊的憑依に対処し、人間としてのタマシイの進化成長を目指す根本ではないかと思います。

あとがき

長い間、試行錯誤しながらやってきた私なりのセラピーの形を、一冊の本にまとめようと思ったのは十年近く前のことでした。少しずつ文書を作りながら、ようやく日の目を見ることが出来たように思えます。

エクソシスト（祓魔師《ふつまし》）という映画があって、そこでは悪の存在である悪魔を、神の代理として神父が命がけで祓うという物語をご存じの方も多いと思います。私が心理療法の中で扱う霊的憑依への対処も一種のエクソシストではあります。

違う点は、全ての霊的存在を悪魔という判断で扱っていないところです。本書を読んでいただければわかるように、霊的存在には様々な種類があり、悪魔という言葉で全てが悪の存在というのではなく、霊的存在にもそれなりの事由があって存在しているのです。

ですから単純に除霊するだけということではありません。霊的存在にもその主張というものがあります。可能なかぎりその主張に耳を傾け、説得し、霊的憑依を終わらせることです。それが「言向《ことむ》け和《やわ》す」ということだと思います。

そして何よりも優先すべきは、霊的存在ではなく憑依されている人間、つまり目の前のクライアントです。クライアントにとって良い形での終結を目指すことが私の役割になります。

祓うだけではなく同時に癒しももたらさねばなりませんから、私は冗談まじりに自分のことを、エクソシストならぬエクソセラピストと言う様にしています。これは私の造語ですが、本書に書いた内容そのものでもあります。

心理療法の世界に居ると、私のようなことをやっている者は、どちらかというと異端視されます。当初はそれが嫌でしたが、今はそんな感じは全くありません。誰もやらなかったこと、やれなかったことを私がしていくんだ、という思いの方が増しています。ですから「心理療法の向こう側」ではなく、「心理療法と除霊の融合」というのが、この本の本当のタイトルです。

今回、私のこれまでの心理療法家としての仕事の総括として、心理療法の向こう側という内容で本を出そうと思いました。当初は記録の意味も込めて、また自分の還暦記念として自費出版の形で有縁の方に配布できれば、という程度の考えでした。

そのことを銀河出版舎の神田ご夫妻に相談すると、快く引き受けて頂き、さらには今回の出版のプロデュースまでをして頂くこととなり、結局何から何までお世話になりました。

内容的にも他にあまりないジャンルで、海のものとも山のものともつかないような本です。そんな本の出版を引き受けてくださった銀河出版の神田ご夫妻には本当に感謝しています。

いつの日か心理と霊能の世界を一つの枠組みでとらえ直して、心理療法と霊学を統合するような新たなセラピーの理論や技術体系を編み出すことができればと思っています。

そして志ある方にその知識なりスキルをシェアできればと願っています。

令和三年五月吉日

龍峰

龍峰先生と日本的霊性の世界

龍峰先生との出会いはもう十年近くも前になろうか。

五十代初めにお会いした。

事のきっかけはわたくしの門下が先生の心理学ワークに参加して実に不思議な体験をしたという。

まるで霊媒にでもなったかのような体験だったという。

彼の話ではあるセッションで全くお会いしたこともない方の代役をやって、そのなかでその方の持つ持病のような身体症状が現れたという。

勿論、事前に一切なんの情報も与えられていないという。

その時は「そんな馬鹿なことはない。どこかで情報がやり取りされ暗示になっているのだ」と思った。

私はある仏教宗派で祈祷をもっぱらにする僧侶である。

心理学者でも心理療法士でもない。

だが、加持祈祷の世界では「霊が憑依する」と言う話はザラにある。

だが、同時にそれが本当に何者かがどこか他所から来て、その人の身心をほしいままにするのかは安易にそのまま肯定できるものではないというのが正直な感想である。

ただし憑霊を決して否定するわけではない。

例えば民俗学者の多くは、そういう現場にも会い、そうした現象が珍しくないことをよく知っている。

民俗学問的には「憑霊」はあくまで身体現象であり、メカニズムではない。つまり狐憑きは存在するが憑依しているところのものには言及できない。

世の中で霊を扱うプロと目される加持祈祷の世界においても憑霊と言う自己報告は多分に本人の精神不調によるものという前提の上にある。だが、さらになお例外的に「真の憑依」なるものを見出すことはないわけではない。

なんでも霊現象のせいにしてしまうのは、我々の世界でもいわゆるインチキ霊能者の類である。

しかしながら、前述の弟子の言葉を確かめるべく、有体にいえば「一体そこで何が行われているのだろう」という興味津々で龍峰先生の心理学ワークに参加し正直、驚愕した。「ああ、霊の世界、いうなれば見えざる心の交流の世界はこんなにもたやすく行われるものであるのか」と言うのが正直な感想であった。

私は若いころ霊媒の修行もしたがあまり上手ではないのでやめてしまった。

私の師僧は四国は石鎚山で修行した人であり、石鎚修験の伝統には多分にそうしたものがあった。

だが、それは特殊な才能のある者だけができる世界であった。

今、目の前ではそうした特殊な修練もない人々が、容易に他者の見えざる世界を表わにしている。

これはドイツの心理療法家バート・ヘリンガー氏のファミリーコンステレーションという技法に見る不思議議であった。

そこではだれもが容易に他者を再現しうるのである。

まさに霊媒と同じ現象だ。

今しもこの空間に様々な霊たちが集まり、飛び交う世界が出現する。

それは亡くなった人のみならず、生きている人も、時には動物もそして会社のような団体や家屋のような事物にさえも成り代わるのだ。

私が代役をやったのはなんと先祖のお墓の代役だった。

その墓をよそに動かしたいと言う。

私はどうかと問われ「動きたくない」と返事した。

適当に返事しているのではない。

いや、適当に返事しても同じことだったろうと思う。

何を言ってもそれは私であって同時に私ではない。

この段階で霊と言うよりは仏教でいう「識」と言う言葉の方がふさわしいと思った。

霊は人や動物の霊と言うのが普通の認識だからだ。

おそらくここで言う「識」は人の関わりうるすべてに現れる存在なのだと思う。

それもまた活き活きと活動する人の心の姿なのだろう。

心理療法についての知識を深めるにつれ、やがて龍峰先生のそれはスタンダードなものよりかなり特異なものであるという認識に至った。ファミリーコンステレーションも要はドイツ由来のそのままというよりかなり日本的な精神構造に立脚している。

本来のファミリーコンステレーションには狐の霊だとか仏教的な先祖と言うようなものは登場しないだろう。

それはキリスト教社会である欧州とは精神的な土壌が違うからだ。

たとえば当たり前のことだが欧州には日本のような極楽浄土の概念もなければ地獄の概念も大きく異なる。

そもそもヘリンガー氏自身がカソリック修道会に身を置き、南アフリカにおいて布教や教育に専念した人である。

だが、むしろそれだからこそ龍峰先生のそれはこの日本においては比類なく有用なのだと思う。

心理ワークの技法は持ち込めても精神的土壌もっとはっきり言えばキリスト教の霊的フィールドまでは持ち込むことは不可能だからだ。

我が国のも多くのクリスチャンもいるがその認識も西洋のそれとはかなり異なるようにも聞いている。

これも龍峰先生から聞いた話であるが、ある熱心なクリスチャンの老婦人が可愛がっていた愛犬をなくした。

「神父様、どうか愛犬が天国にいけるようお祈りしてください」

伝統的なキリスト教では動物に魂はないという。日頃の説教をどう聞いていたのか大いに疑問に思ったが結局その愛犬のお祈りをしたそうである。

思うに日本的霊性とはそういうものだろう。

金翅鳥院住職
尊星王流宿曜道総本部
羽田守快

龍 峰

幼少の頃から、神秘的・宗教的な世界に興味を持ち、高校卒業後、僧侶となる。
現代における人々の苦悩といかに向き合うか？というテーマのもと、修験道、運命学、心理療法を学び、それらの成果を踏まえた実践を続けている。

仏教、システム論、心理療法が融合した新たな心理モデル「EPT　エフェクトサイコセラピー」を構築。
システミックコンステレーション、催眠療法（NLP ヒプノセラピー）、エンプティチェア、ロールプレイ、感情の解放ワークなど、あらゆる手法を熟知し、養成講座を開講、後進の指導にあたっている。

心理療法の向こう側　2021 年 5 月 30 日 初版第一刷

著者　龍峰

編集　銀河出版舎

表紙カバー　長谷川　透

発行者　神田樹希

発行所　銀河出版舎
〒 602-0898 京都市上京区相国寺門前町 647
TEL 075-451-5402
http://ginga.site

製本・印刷　株式会社樹希社